LES JACOBINS

ET BUONAPARTE,

ESSAI HISTORIQUE

Sur l'alliance des deux tyrannies qui ont opprimé la nation française;

PAR E. M. MASSE.

A MARSEILLE,

Chez les principaux Libraires.

M DCCC XV.

De l'Imprimerie de Joseph-François ACHARD, au boulevard du Musée, à Marseille.

AVERTISSEMENT.

Je publie, en 1815, un ouvrage composé au mois de mai 1814, et que dès le mois suivant, je regardai comme superflu. En effet, la tranquillité, le bonheur, dont la France commençait à jouir ; la comparaison qu'il était si facile de faire entre un gouvernement paternel et l'épouvantable tyrannie, qui avait si long-tems pesé sur nos têtes, me paraissaient devoir dissiper tous les regrets qui pouvaient rester dans quelques esprits. Mon opinion fut aussi celle du censeur qui me fut donné ; et cet opuscule, dont on voulut bien faire l'éloge, resta dans mon portefeuille. Le malheur de la Patrie a voulu que les mêmes circonstances, qui avaient dicté mon écrit, se soient reproduites. L'homme, qui a deux fois appelé l'étranger sur notre territoire, n'était donc pas assez connu, puisqu'il a pu faire encore des dupes ; car je ne parle pas de ses complices. Je crois donc rem-

plir un des devoirs du citoyen en contri-
buant à déchirer le masque dont cet
audacieux s'est couvert. Puisse ma Patrie
agréer ce témoignage d'un zèle qui m'aura
procuré l'honneur d'être inscrit sur des
listes de proscription, si les registres de
la direction de la librairie et le rapport
du censeur ont été mis sous les yeux du
tyran, dans le cours déplorable de son
usurpation de trois mois !

Je prie le lecteur de ne pas perdre
de vue que cet ouvrage a été fait en
1814, et que je n'y ai rien ajouté depuis.

LES JACOBINS

ET BUONAPARTE,

ESSAI HISTORIQUE

Sur l'alliance des deux tyrannies qui ont opprimé la nation française.

ENFIN nous avons encore une patrie, et nos têtes ne seront plus comptées comme les têtes d'un vil bétail. Au milieu des désastres sans nombre dont nous avons été accablés, et malgré l'événement qui, le 31 mars, a mis fin à ces désastres, l'honneur national peut trouver, dans la gloire constante de nos armes et dans la nature même de la tyrannie qui s'était élevée, des motifs de consolation ; ces motifs, tout bon français doit se plaire à les développer. Guerriers, dont ma patrie s'honorera dans tous les tems, nobles victimes d'un courage sans bornes et d'un dévouement funeste et mal entendu, vos os semés dans toute l'Europe ont, sans doute, frémi d'indignation, quand la renommée, en passant sur la poussière qui les couvre, a répandu l'étonnante nouvelle que Paris était occupé par ces mêmes troupes que vous aviez si souvent vaincues : rassurez-vous, magnanimes guerriers, nous sommes encore français ; nous jouissons déjà de ce repos que vous cherchiez à conquérir, sinon pour vous, du moins pour vos frères ; ce prix de votre sang, qu'un despote ambitieux vous refusait sans cesse, et qu'il ne devait pas même se flatter d'obtenir jamais, cet objet de vos pénibles travaux, ce terme de nos longues souffrances, cette paix tant désirée et si chèrement achetée, sourit à la France, à l'Europe entière. Mais hélas ! vous manquez à nos réunions fraternelles ! Nos yeux mouillés de larmes d'attendrissement vous cherchent en vain ; nous vous demandons à nos temples, à nos promenades publiques, à nos théâtres, à tous les lieux où nous avions coutume de vous rencontrer, dans les rapides momens de trève accordés à vos fatigues ; nous vous demandons à la patrie, à l'intérêt public, à la gloire ; nous interrogeons ces vieilles phalanges que l'arrivée de notre souverain légitime a ramenées près de nous, et la gloire seule, par la bouche de vos amis, de vos anciens compagnons d'armes, nous répond que vous n'êtes plus. Ah ! s'il est un séjour de récompense pour les ames désintéressées, pour les soldats généreux qui ne jouirent jamais des douceurs de la paix ; si les combats qu'on crut livrer pour la patrie, sur cette terre remplie de tant d'illusions, ne sont pas perdus dans un autre monde plus stable et moins injuste, sans doute les Duguesclin, les Bayard, les Condé, les Turenne, tous nos héros des anciens tems, auront accueilli vos ombres glorieuses ! Ils se seront écrié, avec un noble orgueil : » pourquoi la destinée ne nous a-t-elle pas accordé l'honneur de vous commander ? » mais, braves guerriers, l'exemple de votre dévouement n'est pas perdu ; nos derniers neveux diront, en parlant de vous : » si des français épuisèrent ainsi tout leur sang pour la cause d'un général que n'avouait plus la patrie, à quelle fidélité ne doit pas s'attendre un bon Roi, père de ses peuples et de ses soldats ? »

C'est, en effet, un père qu'il faut à la France ; une nation où le courage militaire est inné, dont les soldats se précipitent au-devant des périls, et n'en connaissent même d'aucune sorte, dès qu'ils entendent la voix du chef, une telle nation ne saurait être appelée à des guerres inconsidérées, sans compromettre son existence et même celle de l'Europe. Nous avons besoin d'un souverain qui prévoie et compte nos dangers, qui sache apprécier notre sang ; de pareils calculs sont incompatibles avec la pétulance et l'audace de notre caractère.

Jamais peuple ne fut plus jaloux de cet honneur national qui s'acquiert et se maintient par les armes : nous adoptons les usages, les modes, les habillemens, les pensées de nos voisins ; mais nous voulons toujours les battre : nous leur accordons quelquefois, dans les arts, plus qu'ils ne demandent eux-mêmes ; notre légèreté naturelle peut céder tout à leurs prétentions, hors le prix de la bravoure. Quand, pour rétablir parmi nous l'ancien ordre des choses, les puissances de l'Europe nous firent la guerre, elles commirent une grande erreur, dont le résultat devait être vingt ans de plus de carnage et de crimes.

Ou le caractère de notre nation ne leur était pas connu, ou leurs vues n'étaient pas droites. La guerre civile eût sauvé la France et l'Europe ; la guerre étrangère a tout perdu. Les divers hommes qui s'arrachèrent tour-à-tour le sceptre du pouvoir sentaient bien cette vérité : la guerre étrangère ne leur fit jamais peur ; c'est la guerre civile qu'ils ont toujours redoutée. Le député Phelipeaux accusa le comité de salut public d'avoir prolongé volontairement la guerre de la Vendée ; cette accusation était une sottise, à moins que, dans le comité de salut public, il ne se trouvât quelque arrière pensée en faveur de la monarchie ; *crime anti-révolutionnaire*, dont on ne peut pas raisonnablement l'accuser.

(5)

Les atrocités dont Marat et Roberspierre furent adroitement rendus responsables ; les vengeances exercées sur les villes de Lyon, de Nantes, de Marseille, l'incendie de Bédouin, l'infâme police et les nombreuses bastilles de Buonaparte, n'avaient d'autre but que d'extirper tout germe de guerre civile. Dès 92, la majorité de la nation avait ouvert les yeux sur les excès de la démagogie ; cette majorité, malgré les menées et les ruses continuelles des agitateurs, ne pouvait manquer de se réunir enfin, et d'écraser la minorité insolente qui dictait des lois pour s'emparer de toutes les fortunes, de tous les pouvoirs, et qui versait, en détail, le sang le plus pur de la France, pour en faire, disait-elle, le ciment de la liberté.

Les orateurs démagogues cherchaient sans cesse à nous inspirer l'horreur des guerres intestines ; était-ce en eux respect pour le sang français ? Les monstres ! quand la hâche du bourreau ne suffisait plus à leurs fureurs, ils mitraillaient par centaines les citoyens dont la résistance pouvait être contagieuse ; et pour prouver mieux le peu de prix qu'ils attachaient à ce noble sang, ils ont fini par donner la France à l'un des exécuteurs avilis de leurs hautes œuvres.

Une guerre civile eût été, sans doute, un grand mal ; elle eût coûté la vie à des hommes généreux; mais un grand nombre de scélérats eussent terminé plutôt leur exécrable carrière. Une guerre civile aurait duré deux ans, trois ans; mais la guerre étrangère en a duré plus de vingt, et sans les revers d'un chef dont les fautes furent encore plus extraordinaires que son élévation, elle eût duré, sans doute, jusqu'à extinction totale du sang européen. Dans les guerres civiles, la patrie ne cesse pas d'exister, puisque l'un des partis combat pour elle; mais depuis dix ans pour qui nous battions-nous?

Cependant, afin que tous les fléaux vinssent accabler la France, la guerre civile non plus ne lui a pas été refusée. Mais dans quel tems? Lorsque déjà notre territoire était envahi; lorsque déjà l'honneur national avait appelé notre jeunesse aux frontières; lorsque déjà l'aspect des bannières ennemies avait excité, dans de jeunes cœurs, le désir d'en former d'honorables trophées; lorsqu'enfin cette guerre intestine pouvait paraître sacrilége à des hommes qui, dans toute autre circonstance, en auraient saisi le glaive avec transport. Et remarquez bien que, dans l'origine, cette guerre civile n'avait pas d'autre motif que celui de rejeter le premier appel fait aux braves, par des gens dont la voix était regardée, en ce moment, comme celle de la patrie. On ne saurait trop le répéter, la France, pendant quelque tems, put être *sauvée* par elle-même; elle a été *délivrée*, il est vrai, mais par des forces qui n'étaient pas dans son sein, depuis trop long-tems épuisé.

La guerre extérieure fournissait à nos tyrans de perpétuelles occasions d'éloigner la guerre civile, qui seule était à craindre pour eux. Les correspondances avec l'ennemi, les conspirations dans l'intérieur, les trahisons des généraux ne manquaient pas à leur imagination atroce, pour faire décimer, sans obstacle, tous ceux dont les pensées, dont les souvenirs et les vœux étaient plus redoutables que les baïonnettes étrangères. Ils opposaient aux murmures de l'humanité l'urgence des circonstances; comme si nos soldats eussent eu besoin d'associer les bourreaux à leurs triomphes; comme si des boucheries qu'ils ignoraient souvent et qui atteignaient quelquefois leurs familles, eussent été nécessaires à leurs glorieux succès. Les murmures devenaient-ils menaçans, les dominateurs montraient à la France les lauriers de ses armées, les trophées de sa gloire; apprenant ainsi à leurs successeurs l'art d'exercer la tyrannie derrière de nombreux bataillons, et de faire couler, pour leur propre cause, un sang précieux qui n'était dû qu'à la patrie. Hélas! cet art funeste n'a été que trop perfectionné depuis; et l'homme qui devait combler nos maux, le méditait déjà dans le silence farouche de l'ambition qui commence à deviner sa proie.

Etouffer tout discours, toute parole qui pouvait faire penser à la guerre civile ; punir les simples soupirs, l'inertie même et l'amour de la tranquillité ; soutenir l'échafaud par la guerre, la guerre par l'échafaud, telle était la nouvelle manière de gouverner les peuples, qui s'était introduite, et l'époque où ce merveilleux système devint le plus florissant s'appela le règne de la terreur. Ce règne prit fin, dit-on, au 9 thermidor. Mais si des hommes qui devaient être constamment liés par leur haine commune contre tout ce que la France possédait encore d'honnêtes citoyens, n'avaient pas tenté d'assouvir sur eux-mêmes l'insatiable besoin de haïr, qui les dévorait sans cesse, on eût vu la fatigue des bourreaux et la nécessité de reprendre haleine, passer enfin pour des marques d'humanité que la rage des tyrans aurait punies. Roberspierre et ceux de ses complices qui étaient le plus en évidence périrent ; la faction dont ils étaient les représentans ne périt point. Roberspierre fut comme le bouc émissaire qui emportait au fond du désert les péchés d'Israël. L'extrême corruption au physique, ainsi qu'au moral, possède une faculté singulièrement génératrice : dans les marais fangeux du Tropique, on voit, avec horreur, pulluler des myriades de

reptiles affreux ; l'égoût des forêts de Lerne en-
gendra l'hydre aux cent têtes, qui repoussaient
par deux, sous le tranchant du glaive ; l'égoût
immense de la révolution, formé de tous les
égoûts de la France et même de l'étranger, en-
fanta une hydre bien autrement vivace que cette
hydre fabuleuse dont triompha le bras infatigable
d'Alcide.

On a regardé le 9 thermidor, le 18 brumaire,
comme des jours de délivrance ; ces journées et
toutes les autres de leur espèce ne furent jamais
que des pactes plus ou moins adroits, plus ou
moins durables, entre les factieux.

Après la mort et non la chute de Roberspierre,
la faction hésita sur le parti qu'elle devait prendre,
sur la marche qu'elle devait tenir. Fallait-il suivre,
dans toute son étendue, le grand système, le
système par excellence ? Fallait-il le modifier ? Ici
la volonté du crime fut déconcertée par l'impuissance de le commettre encore : les Thermidoriens avaient mis trop d'empressement à se
faire honneur, auprès de la nation, d'un coup
de main qu'ils n'avaient exécuté que pour eux-
mêmes ; leur vanité puérile avait trahi la cause
commune, et cette faute, qu'on devait attribuer
surtout à la jeunesse de leur chef ; valut, aux
honnêtes gens, quelque ombre de repos.

Cependant la montagne, en fesant la revue

de ses rangs, y reconnut des vides qu'il était mal aisé de remplir. Avant Roberspierre, d'autres collaborateurs pleins de zèle étaient montés à l'échafaud; plusieurs conventionnels, jusqu'alors entraînés par la tourmente, s'apercevaient enfin qu'on était allé trop loin; la montagne était ébranlée; pour l'empêcher de s'écrouler, pour la renforcer contre des attaques suggérées par sa désunion, les Thermidoriens furent admis à résipiscence. Mais le bon tems de la faction était passé; bientôt elle fut obligée de perdre, à s'organiser de nouveau, le tems qu'elle employait naguère à frapper ses ennemis. Des tentatives furent exécutées pour redresser tout-à-fait la montagne; elles ne remplirent jamais les espérances qu'on avait conçues.

Dès-lors, en tenant toujours à la cause commune, chacun commença de travailler pour soi; et le goût des places lucratives, l'amour d'un certain repos, succédant à la turbulence meurtrière des esprits, on s'occupa d'une troisième constitution, dont chacun pût tour-à-tour profiter; et l'on établit comme un axiome préliminaire et tacite que tout acte constitutionnel devait être dans l'intérêt de ceux qui se donnaient la peine de le rédiger, fût-ce en trois jours, et jamais dans l'intérêt des peuples à qui l'on daignait en faire le présent.

Nous ne suivrons pás le gouvernement directorial dans toutes les vicissitudes qui signalèrent sa pénible existence. Tour-à-tour rigoureux ou pusillanime, entêté ou facile, sa marche fut toujours irrégulière; il ne fit jamais que des tâtonnemens politiques. Parmi les cinq têtes de l'état régnait une dissidence continuelle; si, d'un côté, le directoire n'avait pour but que de maîtriser les conseils, chaque Directeur, à son tour, s'étudiait à supplanter ses collégues. L'accord dont ils jouissaient par fois n'était dû qu'à leur médiocrité commune. Aucun d'eux n'avait acquis cette haute considération personnelle qui attire et fixe tous les regards; c'étaient, pour la plupart, des hommes de cabinet, dont quelques-uns n'étaient pas sans talens; mais leur nom n'avait point d'éclat; et l'illustration militaire, dont la nation était d'autant plus jalouse, qu'elle craignait plus d'être avilie par ses fureurs intestines; cette illustration militaire, qui devait être si funeste à notre pays, manquait aux personnages qui présidaient alors à nos destinées. Un seul possédait quelque renom; mais c'était plutôt la vogue d'un acteur, que la prépondérance d'un homme d'état. Il est vrai qu'à cette époque, le génie d'un Richelieu n'aurait pas suffi pour maintenir la machine telle qu'on l'avait montée; et Barras n'était pas un Richelieu.

Il fallait lutter sans cesse contre les souvenirs de la monarchie, contre les demandes de la religion, contre l'horreur qui s'attachait au nom des régicides, contre le juste ressentiment des proscrits qu'on avait dépouillés de leurs biens, contre les représailles des enfans qu'on avait privés de leurs pères. Le directoire essayait-il une certaine condescendance, il révélait ses craintes; avait-il recours aux voies de rigueur, on criait au terrorisme. Ce gouvernement avait hérité de la faction toutes les haines qu'elle avait amassées; mais l'énergie du bon temps ne se retrouvait plus. Les acquéreurs de biens nationaux, avec leurs sordides allarmes; les hommes coupables, avec la terreur des supplices qu'ils avaient mérités; les émigrés, par des entreprises que l'isolement rendait plus nuisibles qu'utiles au bien général, indiquaient au directoire quelques moyens de répression et de vengeance que ne dédaignait pas sa faiblesse, et qu'il faisait servir à sa laborieuse conservation.

La guerre était aussi pour lui un gage de confiance que ses prédécesseurs lui avaient transmis, et qu'il savait faire valoir. La rupture des conférences de Lille, l'assassinat des plénipotentiaires français au congrès de Radstat, ne donnent pas lieu de supposer des intentions pacifiques aux directeurs. Se regardant comme des Louvois, ils croyaient se rendre nécessaires en prolongeant la guerre. Les officiers à qui cet art de détruire les hommes donnait un état, les fournisseurs qui dévoraient la subsistance des armées, paraissaient à leurs yeux autant d'auxiliaires. Un luxe scandaleux, des réunions de plaisir intempestives, des bals sans pudeur, ressemblaient à des fêtes triomphales, célébrées, non pour les avantages que l'état remportait à la guerre, mais pour les grandes fortunes que des particuliers venaient d'y faire. Paris et même plusieurs des grandes villes de France prenaient un aspect à demi-florissant. Le directoire s'imaginait parfois que cet éclat le justifierait au besoin, et qu'une guerre continuelle dont il partagerait la gloire, serait le plus ferme soutien de sa puissance.

Toutefois l'ambition du directoire l'exposait chaque jour à de nouveaux périls. Vouloir attirer dans sa sphère le plus grand nombre des attributions accordées aux conseils, c'était travailler à rompre les fils qui l'attachaient à ces deux corps; c'était ouvrir des rangs qui devaient rester toujours fermés pour l'intérêt commun; c'était élargir la brèche par où l'ennemi devait pénétrer; et cet ennemi, des armées couvertes de gloire pouvaient à chaque instant le vomir de leur sein.

Le courage de nos guerriers s'était long-tems précipité dans la mêlée sans réflexion , sans choisir les dangers les plus utiles. Mais après de nombreux combats, on avait fini par associer la prudence à l'extrème bravoure; et l'art de vaincre devenait aussi l'art de ménager les instrumens précieux de la victoire.

Pichegru , Moreau , jouissaient d'un grand nom. Aimés du soldat, chers au citoyen, estimés des ennemis, la patrie, dans sa détresse, tournait vers eux ses regards effrayés. Leur désintéressement égalait leur mérite. C'étaient des hommes dignes des jours antiques; c'étaient de véritables français. Par quelle fatalité déplorable des ames si belles, des héros si généreux , n'eurent-ils pas les mêmes opinions politiques! Ils se rapprochaient en tout par leurs vertus, par la noblesse de leurs sentimens; ils ne s'écartaient qu'en un seul point. Plus tard , ils parurent s'entendre ; mais il n'était plus tems : la patrie les avait précédés au tombeau. L'ennemi commun de cette malheureuse patrie et de nos grands capitaines, par la joie qu'il a montrée en nous annonçant la mort de Moreau , a déchiré le voile qui dérobait encore à quelques yeux la main qui étrangla Pichegru.

Nous avons essayé jusqu'ici d'expliquer par la guerre l'obstination funeste de la révolution française. L'honneur national supportait avec peine que des étrangers se mélassent de nos affaires. Des succès nombreux, des victoires éclatantes répondaient à leurs prétentions. Des français, entourés d'un grand crédit, fruit des circonstances, pouvaient seuls rétablir cet ordre de choses que tant de souvenirs, de regrets et de larmes rappelaient parmi nous. Quand un de nos généraux essaya cette noble entreprise, elle fut infructueuse, parce que les autres chefs des soldats croyaient encore dans leur bonne foi guerrière que tous leurs exploits avaient été pour la république. Mais un autre général, qui n'avait pas l'honneur d'être français, se préparait déjà, par des voies détournées, à profiter de la noble confiance avec laquelle ses collégues remportaient des victoires inutiles à la patrie. Cet homme dévoré d'une ambition frénétique, mais long-tems sourde et contrariée, adorateur de Marat, complice de Roberspierre, vil complaisant de Barras, avait pu voir ce qui manquait à ses maîtres dans leur plus haute élévation, les prestiges de la gloire militaire. Pichegru travaillant pour autrui n'avait pas la faculté de choisir son tems ; Buonaparte ne travaillant que pour lui-même pouvait bien mieux choisir le sien.

Tout écrivain qui se chargera de retracer

nos malheurs, sentira redoubler les difficultés de sa tâche, à mesure qu'il approchera de l'époque où cet homme extraordinaire vient se débattre sur la scène du monde. On voudrait envain ne pas franchir certaines bornes. Plus on s'applique à retenir son indignation, plus elle fait d'efforts pour s'échapper; elle s'extravase en quelque sorte par tous les pores de la pensée et du style. L'expression de l'homme de bien qui tonne contre les méchans est âpre et forte; celui qui peut parler des crimes publics avec réserve et délicatesse serait capable de les commettre sans scrupule et de sang froid.

Buonaparte a reçu de la nature cette volonté ferme qui tend sans cesse au but, et cette souplesse qui ne dédaigne aucun des sentiers par où l'on peut y parvenir : c'est une tête de fer adaptée à un corps de serpent. Barras n'est pas un homme sans esprit; néanmoins Buonaparte, qui lui devait tout, l'a joué de manière à ne pas lui laisser la moindre excuse sur son aveuglement. Qui a signé les préliminaires de Léoben, la paix de Campo-formio ? Qui a institué les républiques Ligurienne, Transpadane, Cispadane et Cisalpine ? Buonaparte; et le directoire, à cette même époque, disputait aux conseils quelques nominations, quelque misérable initiative. Quel était le général de ce tems-là qui, dans ses ordres du jour, affectait l'indépendance et le ton de la souveraineté ? Buonaparte ; et de ce directoire si jaloux partaient les proclamations en l'honneur du nouveau maître de l'Italie. Cependant un parti dans lequel on comptait presque tous les membres honnêtes des conseils, s'oppose au directoire ; Buonaparte fulmine contre ce parti une proclamation terrible et le menace de son armée. Mais était-ce Barras qu'il voulait défendre ? Il est permis d'en douter. Il insultait aux bons citoyens le 18 fructidor, comme il les avait mitraillés le 13 vendémiaire, comme il les a persécutés toute sa vie. Cette proclamation était le seul acte public qui pouvait rassurer Barras ; mais elle n'aurait pas suffi, si des actes privés de soumission et de bassesse adroitement réitérés jusqu'à ce jour, n'avaient pas fait regarder comme des traits de jeunesse des actions pour lesquelles tout autre général eût été traduit en jugement.

D'ailleurs, quelque irrégulières que fussent les opérations de Buonaparte, les résultats n'en étaient pas moins avantageux : créer des républiques en Italie, c'était assurer d'autant mieux l'impunité des régicides en France.

L'éclat de ses premières campagnes prépara son élévation et notre esclavage. En attendant que l'histoire puisse en mettre sous nos yeux le récit impartial, rappellons, en peu de mots, diverses causes des succès qu'il obtint. Aux deux traits principaux de son caractère, que nous avons essayé de saisir, ajoutons d'autres qualités puissantes, que la fortune lui permit de développer. Un coup-d'œil rapide, et des pensées aussi promptes que ce coup-d'œil ; une perspicacité rare pour découvrir les avantages du terrain, une obstination à laquelle rien ne coûte pour se rendre maître de ces avantages : sous des yeux aussi exercés, devant une volonté aussi absolue, l'ennemi ne peut commettre aucune faute qui ne soit nuisible, et ne peut faire aucun faux pas qui ne soit une chute. Il est vrai que ces qualités, pour ainsi dire, toutes de feu, s'amortissent et s'éteignent même tout-à-fait dans une campagne difficultueuse, au milieu d'obstacles renaissans, et lorsqu'il faut compter les hommes et non plus mesurer d'un œil ambitieux l'étendue et la profondeur des masses. Dans ces occasions critiques, il abandonnait aux soldats le soin de se dégager eux-mêmes, et leur procurait le mérite de combattre sans leur général. Mais, par des marches forcées, par la connaissance des plans de l'ennemi, pouvait-il brusquer une grande bataille, il était sûr de la gagner.

Passons maintenant à la considération des avantages extérieurs et qui ne dépendaient pas de lui. La protection ou, si l'on veut, l'amitié

de Barras, l'entoure d'un excellent état-major ;
appelle à ses ordres des officiers pleins de bravoure et d'ardeur ; met à sa disposition un
matériel considérable, que ses prédécesseurs de-
mandaient en vain, et des troupes nombreuses,
dont plusieurs corps renferment tout ce que le midi
produit d'hommes plus impétueux et de courages
plus bouillans. La fougue de tête qui distingue le
général en chef se trouve en harmonie avec la
pétulance et la vivacité française. Une armée
qui avait long-tems langui dans l'inaction, faute
de moyens, s'ébranle ; ses premiers pas rencon-
trent des triomphes ; elle en suit l'enchaînement
avec audace, et ne s'arrête qu'après avoir soumis
la plus grande partie de l'Italie, et forcé le reste
à demander la paix.

Sans doute, les talens du général en chef mé-
ritaient de grands éloges ; mais toutes ces troupes qui se précipitaient au devant de ses ordres,
tous ces généraux dont la bravoure réalisait ses
calculs, ne devaient-ils pas être comptés pour
quelque chose ? Ne fallait-il pas rappeler aussi
les manœuvres de la propagande révolutionnaire,
l'inconstance naturelle des Italiens, le besoin de
changement qu'ils éprouvent sans cesse ? Ne
fallait-il pas citer même les petites intrigues du
héros auprès des journalistes de ce tems-là ? Il
mendiait des éloges pour ses batailles, comme

ños auteurs en mendiaient, sous son règne, pour des romans; il enlevait de vive force la renommée, sans attendre qu'elle vînt d'elle-même se placer devant lui.

En France, c'est toujours le personnage qui crie le plus haut qui réussit le mieux. Il ne suffit pas d'être un grand homme, il faut se proclamer tel soi-même. Parmi tant de généraux, nous cherchions celui qui avait le plus de mérite; Buonaparte dit effrontément que c'était lui, nous le crûmes sur parole; et l'expédition d'Egypte, dont lui seul nous rendit compte, ne servit point à nous détromper.

Après en avoir fait le plus grand capitaine du siècle, il fallait bien, par une suite de notre caractère, le mettre au-dessus de tous les capitaines des siècles passés. Il fallait bien qu'on l'appelât une seconde providence; sans quoi, les flatteurs n'auraient pas pu enchérir sur les enthousiastes de bonne foi.

Enfin nous voici parvenus à la veille du 18 brumaire. La vente des biens nationaux, la réduction de la dette publique, un premier emprunt forcé, n'avaient pas empêché le directoire de contracter des dettes énormes. Un deuxième emprunt forcé devait avoir lieu : revenus de l'état, dépouilles de l'étranger, la guerre et les dilapidations qu'elle entraîne, avaient tout englouti. Les variations perpétuelles du gouvernement devenaient la pire des tyrannies. Tous les ressorts étaient usés, toutes les espérances perdues. Objet de mépris plus encore que de haine, Barras ne savait plus ordonner ; ses collègues n'avaient plus d'idées, plus d'inspirations à lui fournir. Témoins de cette décadence progressive, de cet abandon pusillanime, les Jacobins frémissaient. Le pouvoir qui devait garantir leurs iniquités, leurs déprédations, leur vie, éprouvait les convulsions d'une agonie honteuse. Toutes les formes de gouvernement qu'on avait jusqu'alors adoptées accusaient l'impéritie des législateurs. La guerre avait été faite en pure perte, pour des gens de plume qui n'y avaient acquis aucune considération ; cette considération publique était pourtant nécessaire à quiconque voulait nous gouverner.

Il fallait un nouveau pacte. L'histoire révélera quelque jour tous les articles du compromis qui fut dressé à cette époque, et les noms de tous les personnages qui intervinrent. On a rapproché plusieurs circonstances ; on a remarqué la liaison de plusieurs bruits publics, la coïncidence de quelques événemens ; rien ne donne encore des données certaines.

Quoiqu'il en soit, Buonaparte abandonne son armée et débarque à St.-Rapheau, près de Fréjus.

La renommée, dont il savait si bien ravir les faveurs quand il n'avait pas su les mériter, la renommée nous l'amène environné de tous les prestiges de la victoire. Son apparition est regardée comme un miracle que le ciel fait en notre faveur. De pauvres mères de famille s'approchent de sa voiture et lui demandent si l'on aura la paix. Il la promet en son propre nom ; et sa pensée renferme les semences d'une guerre éternelle.

Alors des chants de triomphe accueillent le général qui a trahi son armée, le concussionnaire qui a volé neuf mois de solde aux troupes, le déserteur qu'un conseil de guerre avait été sur le point de condamner à mort. Il s'annonce pour le libérateur de la France, pour le vengeur de nos lois, l'homme dont le premier pas sur notre territoire est la transgression d'une loi des plus sacrées, celle qui soumet à un isolement rigoureux, et plus ou moins prolongé, tout vaisseau parti d'un des ports du Levant, sujets aux ravages affreux de la peste. Pour avoir donné du poison aux malades français de Jaffa, pour avoir fait mitrailler trois mille prisonniers Turcs qu'on pouvait soupçonner de contagion (*), pour avoir

____

(*) On n'est pas d'accord sur le motif qui porta Buonaparte à cet acte de barbarie : il est certain qu'il fit un choix, et que les meilleurs soldats, ceux de *Djezzar Pacha*, eurent la préférence.

placé à la queue de l'armée, dans sa retraite de St.-Jean d'Acre, un détachement chargé de fusiller tout soldat qui se plaindrait d'un mal de tête ou que sa faiblesse laisserait en arrière, croyait-il donc avoir détruit, dans les équipages et dans ses compagnons de guerre, tout germe du fléau redoutable? La France, il est vrai, n'eut pas la peste; mais quels maux cent fois plus cruels cet homme ne lui a-t-il pas apportés? Ici l'ame est oppressée; mille regrets la déchirent, mille afflictions l'anéantissent. Il ne s'est donc pas élevé une seule voix prophétique pour dire aux Français :

» Peuple généreux et trop confiant, défiez-
» vous de l'enthousiasme que vous inspirent les
» victoires, et surtout les victoires lointaines.
» Le récit en fût-il aussi vrai qu'il est souvent
» mensonger; depuis quand l'art de la guerre
» donne-t-il toutes les vertus, toutes les connais-
» sances utiles au bonheur des peuples? Depuis
» quand cet art, quelquefois nécessaire, mais tou-
» jours funeste, renforce-t-il dans les cœurs l'amour
» de l'humanité, le respect pour les lois, pour
» le caractère, pour les usages et les mœurs
» d'une nation? Buonaparte n'est pas le seul
» général de mérite que vous ayez. Quoi! rien
» de faux dans sa conduite, rien d'emphatique
» dans ses discours, ne vous a donc fait soup-
» çonner la droiture de ses intentions? Les rap-

» ports militaires de Pichegru, de Moreau; de
» bien d'autres, ressemblent-ils aux siens ? Ces
» grands mots d'armée d'Orient, de bataille
» des Pyramides, d'Héliopolis et du Mont-
» Thabor, cette excursion pédantesque sous le
» Tropique, vers les cataractes du Nil, ce projet
» d'envahir Médine et la Mecque, ces actes
» publics de mahométisme, cette abjuration de
» la foi chrétienne, toutes ces extravagances
» vous ont-elles donc enchanté sans retour ? Il a
» visité le pays des mille et une nuits, croyez-
» vous qu'il en rapporte l'art des prodiges ? (*)

» Peuple généreux et trop confiant, ne livrez
» pas à cet étranger vos flottes, vos soldats, vos
» trésors. Quand il aura laissé brûler vos vais-
» seaux, quand il aura fait égorger cinq millions
» de vos enfans, quand il aura épuisé toutes vos
» ressources, il vous abandonnera comme il vient

(*) L'imposteur Cagliostro parlait aussi beaucoup de tous
ces pays-là ; le Schérif de la Mecque l'avait appelé *fils de la
nature* ; il avait déjà vécu plusieurs centaines d'années ; nous
l'aurions donc choisi pour notre chef, s'il en eût montré le
désir et s'il nous eût apparu tout-à-coup devancé par le bruit
de quelques victoires ? Buonaparte ne l'emportait sur ce fameux
charlatan, que par l'illustration des armes. N'a-t-il pas officié
dans la principale mosquée du grand Caire ? et depuis ne s'est-il
pas donné pour le successeur presque immédiat de Charlemagne ?
Cagliostro évoquait les morts célèbres ; Buonaparte nous a fait
voir, en chair et en os, les généraux ennemis que ses
bulletins avaient tués.

» d'abandonner l'armée d'Egypte ; il vous laissera
» les dettes que sa folle ambition aura contrac-
» tées, et les germes de mort que sa main cor-
» ruptrice aura semés de toutes parts, dans toutes
» les branches de l'état, dans toutes les classes
» de la nation. Peuple généreux et trop confiant,
» je le répète, défiez-vous de l'enthousiasme
» que vous inspirent les victoires. Un jour, les
» complices de cet homme voudront persua-
» der que c'est vous-même qui l'avez appelé
» au trône, et peut-être ne saurez-vous que ré-
» pondre, à moins que vous ne leur disiez ces
» mots : »

» Nous l'avons appelé au trône ! non. C'est de
vous que nous voulions nous débarrasser ; notre
haine pour vous a causé notre erreur. Nous l'avons
appelé au trône !.... Mais vous deviez discuter ses
titres ; l'avez-vous fait ? Quand vous eutes l'audace d'attaquer le souverain dont les ancêtres
avaient si long-tems régné sur les nôtres, les dis-
cussions, les interrogatoires, les procédures, ne
furent pas épargnés pour nous prouver qu'il
méritait la mort. Après avoir assassiné le Roi
qui nous aimait, étiez-vous bien certains que le
maître à qui vous alliez livrer la France ne
nous aimerait point ? Car nous imaginons que
vous avez dû être conséquens ; il ne valait pas
la peine de nous ôter un bon Roi, pour nous en

donner un autre qui lui ressemblât. Vous comp-
tiez donc sur la méchanceté de l'homme que
vous aviez en quelque sorte créé, qui s'était
nourri de vos principes et que votre exemple
avait instruit. Mais si, contre votre attente, il
eût voulu être bon, généreux, bienfaisant........
Ah! monstres, vous l'auriez aussi égorgé! Vous
cherchiez un tigre que l'on pût nourrir de chair
humaine, et qui, en assouvissant sa fureur
sur les peuples, ne respectât que vous seuls.
Nous l'avons appelé au trône, dites-vous! En ce
cas, il aurait dû, par reconnaissance, nous faire
quelque bien, nous préserver de quelque mal.
Nous l'avons appelé au trône! Et c'est vous qu'il
a gorgés de richesses, rassasiés d'honneurs,
accablés de croix et de cordons. Il vous prodiguait les grâces, les faveurs, les trésors, au retour
de ses exploits sanglans. A-t-il une seule fois
soulagé notre misère, diminué les impôts? Il
nous promettait toujours des bienfaits; a-t-il
jamais tenu ses promesses? Mais celles qu'il vous
a faites n'ont été que trop bien remplies; et
vous n'avez été ingrats, qu'au moment où il ne
pouvait plus rien vous donner. Dogues insatia-
bles, quand le tigre, qui vous accordait les débris
de ses repas inhumains, ne vous a plus jeté que
des os, vous vous êtes écrié : c'est une bête
féroce! Vous disiez encore la veille : c'est un
héros! »

Enfin, il arrive dans la capitale de l'état qu'il dévore en idée. Des pourparlers s'établissent ; mais cet homme qui a voulu tout singer, même la dissimulation de Tibère, ne peut réprimer sa morgue habituelle, et le ton d'autorité qu'il affecte est sur le point de renverser toutes ses espérances. Néanmoins, tel est le prix de la considération militaire, aux yeux des plus forcenés Jacobins, que le ministre chargé de faire arrêter Buonaparte, forfait à sa charge, et communique au général l'ordre tardif que son insolence prématurée vient d'arracher au gouvernement, et qu'on peut regarder comme le dernier soupir du directoire.

Il n'entre pas dans mon plan de rappeler tout ce qui s'est passé au 18 brumaire. Buonaparte ne montra pas, dans cette journée, l'audace d'un Catilina ; à peine fut-il un homme, et son premier pas au trône de France décela autant de lâcheté personnelle, qu'il en a montré depuis dans son abdication. Toutefois cette idole superbe, couverte des lauriers que nos soldats ont posés sur sa tête, agite déjà les rênes dorées que les Jacobins, fatigués de leur turbulente ineptie, viennent de mettre dans ses mains. Rien n'avilit plus les hommes que le remords, quand il n'est pas amené par un retour à la vertu. Ces Jacobins, autrefois si fiers, si féroces vis-à-vis des victimes qu'ils avaient eu bien soin de faire auparavant désarmer , se prosternent devant Buonaparte , entouré de nombreux généraux qui savent se battre , mais qui discutent fort peu , et qui, dans les discordes civiles , sont portés à reconnaître la patrie partout où ils voient le plus grand nombre de citoyens. Alors se découvre tout entier le secret terrible de la révolution , et le triomphe des Jacobins est proclamé par leur propre bassesse.

Malgré leurs décapitations réitérées , ils n'avaient jamais pu parvenir à cette unité de domination qu'ambitionnait chaque parti et que chacun des chefs ne voulait que pour soi. Ils avaient fini par se résigner au repos , mais sans renoncer au désir de vivre ; et pour vivre , il leur fallait beaucoup d'or. La constitution de l'an 8 créa donc des places d'oisifs , tout comme en 1814 on a imaginé une vétérance de six millions à l'île d'Elbe. Mais le chef qu'on venait de se donner avait intérêt de ménager toutes les factions. Créature des jacobins , il avait ses créatures particulières ; d'ailleurs , les anciens factieux ne tardèrent pas à sentir quelle est la force d'une volonté , soutenue par des baïonnettes , depuis long-tems dociles à ses ordres ; et le besoin d'assouplir la rudesse des formes militaires, le besoin plus pressant encore d'attirer les yeux du nouveau maître sur soi, firent imaginer des essais de flatterie que la multitude des concurrens porta bientôt à une perfection étonnante. Le chef, à son tour, flattait le peuple, et ces apparences de liberté, dont il couvrait les premiers pas du plus absolu despotisme, neutralisaient, dans les esprits vulgaires, qui sont en si grand nombre, l'indignation de quelques citoyens courageux qui cherchaient à montrer l'homme derrière son masque.

Les gouvernemens antérieurs avaient été si remplis d'iniquités, que Buonaparte, par quelques actes de justice indispensables, se fit passer pour un Titus. Le sentiment de sa faiblesse avait empêché le directoire de rappeler les émigrés; Buonaparte plus fort leur permit de rentrer en France; il offrit même des places aux plus considérables d'entr'eux, et des hommes reconnaissans devinrent bientôt des enthousiastes fanatiques. La religion avait arraché le privilége de quelques autels aux terreurs impies du directoire; Buonaparte se piqua de relever le sacerdoce, que depuis..... et des hommes reconnaissans devinrent encore, ou feignirent de paraître des enthousiastes fanatiques.

La collection des lois promulguées par ces différentes réunions de législateurs, qui regardaient comme un devoir de leur charge d'en faire chaque jour de nouvelles, formait un dédale inextricable , où l'incohérence des principes , l'obscurité du style, la confusion des matières, ne permettaient plus de pénétrer. Buonaparte se douta que dans les anciennes ordonnances de nos Rois, dans les arrêts, dans les décisions qui avaient autrefois régi la France, on trouverait d'excellentes choses, dont il ferait son profit : il ordonna de terminer une révision que de grands magistrats avaient déjà commencée; il fit glisser, parmi les principes les plus sages, quelques propositions favorables à la tyrannie; les rédacteurs y répandirent, de leur côté, un reste des fermens révolutionnaires dont ils avaient été si long-tems imbus ; et les descendans de ces mêmes hommes que St.-Louis, Henri IV et Louis XIV, avaient gouvernés , se prosternèrent, par ignorance ou par ingratitude, devant ce code, ou, pour mieux dire, ce plagiat, et devant Numa Buonaparte qui daignait nous l'offrir.

Depuis le commencement de nos troubles, l'éducation de la jeunesse avait été fort négligée : ou ne l'avait, en quelque sorte, élevée que pour la danse; Buonaparte la fit élever pour l'exercice militaire. Cet exercice fut la base des délassemens offerts au premier âge; le latin et surtout les mathématiques entrèrent dans le nouveau plan d'éducation. Mais la morale et la religion, qui lui sert de règle, furent regardées comme des superfluités que chaque proviseur traitait à sa manière. Savoir son catéchisme ne devint une obligation que par la suite, et lorsqu'on eut osé le rédiger pour le grand Napoléon et sa dynastie, bien plus que pour le Dieu du ciel et de la terre. Mais tel était l'enthousiasme qu'inspirait chaque institution de Buonaparte, que, pour avoir fait de nos enfans autant de machines à mousquet, on le prit pour un nouveau Charlemagne, sans réfléchir que, par cette comparaison ridicule, la nation se déclarait dans un état de ténèbres et de barbarie, pareil à celui dont le fils de Pépin voulut guérir son siècle, et dont tous ses efforts ne purent préserver le siècle suivant.

Quelle était donc la cause de cette démence presque universelle, qui précipitait les citoyens dans une admiration servile et nous montrait un envoyé de Dieu, dans l'homme que les Jacobins nous avaient donné ? Comment hélas ! avait-on oublié tant de présens funestes que ces mêmes Jacobins nous avaient déjà faits ? Quelle fatalité ne permettait pas de reconnaître dans nos louanges les échos de leurs cris de joie ? Quel prestige nous ôtait donc ainsi toute mémoire du passé, toute crainte de l'avenir ? Ce prestige, on ne saurait trop le répéter, était celui de quelques victoires.

Antiques Souverains de l'Europe, voilà l'homme que les armes ont fait, et dont l'élévation ne vous est pas étrangère ! Vous avez voulu la guerre pour empêcher nos principes républicains de bouleverser vos royaumes; et la guerre vient de former une puissance bien plus redoutable, que la plus turbulente république. Cette puissance n'est revêtue encore que d'un nom modeste ; mais ne vous y trompez pas, cette retenue fait en ce moment sa plus grande force, et le mystère, qui enveloppe encore les destinées de la France, entretient l'émulation des généraux et nourrit l'exaltation des soldats. La même désunion, qui a causé vos désastres précédens, vous en prépare de bien plus longs, de bien plus affreux. Ne vous jouez pas avec cet homme que la guerre nous a donné; son rôle sera désormais de commander la victoire; celui des français, de l'obtenir ; et quand le général en chef commettra des fautes sur le champ de bataille, sachez qu'il s'y trouvera toujours quelque français pour les réparer.

Avant le mémorable retour de Buonaparte, le général russe Suvarow avait fait une campagne éclatante en Italie ; des intrigues de cour le forcent à subir des revers en Suisse. Cependant l'audace et le génie de ce capitaine ne sont pas perdus; les aigles autrichiennes s'avançant derrière ses triomphes, arrivent sur les bords du Var et menacent la Provence et le Dauphiné. A l'exception de quelques places-fortes, nos troupes ont abandonné tous ces champs italiques, où la gloire de Buonaparte avait commencé son cours. La France est allarmée : il faut au premier Consul de nouvelles victoires ; une marche audacieuse à travers des montagnes jusqu'alors inaccessibles, et l'imprévoyance inouie de ses ennemis vont la lui procurer. La bataille de Marengo, perdue d'abord par le premier Consul, et gagnée par ses soldats, augmente cette puissance que l'enthousiasme des Français lui donne ; les traités de paix de Lunéville et d'Amiens y mettent le comble.

Alors s'ouvre, pour Buonaparte, une carrière nouvelle. Ce n'est plus avec de gros bataillons, avec une artillerie savante et rapide, avec des généraux pleins d'audace, avec des troupes fougueuses, que le soldat de fortune doit consolider son élévation et travailler au bonheur de la France. Il est vis-à-vis de la paix, en connaîtra-t-il les avantages ? Il a des vaisseaux, saura-t-il ne pas les perdre ? Il a des colonies, saura-t-il les rendre florissantes ? Il a des nègres à soumettre, saura-t-il les gagner ? Non ; le soldat de fortune ne sait que fusiller, mitrailler et tout envahir autour de lui. Il ira jusqu'à la Chine, en ajoutant sans cesse de nouvelles armées à celles qu'il commande; il ne saura pas conserver un pouce de terrain au-delà des mers. Le soldat de fortune ne connaît que les principes de Machiavel, que les conseils de la force et de la ruse; il est impatient, et il calcule sans cesse comme un joueur, jamais comme un politique. Le soldat de fortune trompe tout le monde, et se plaint de ce qu'on lui manque de foi. Il exige que les Anglais évacuent l'île de Malte, et il a dans sa poche la cession de l'île d'Elbe. Ignorant qu'à certaines époques, la modération est elle-même une grande puissance, il dévoile ses projets ambitieux sur la ligue helvétique et sur l'Italie, tandis que toutes ses pensées ne devraient avoir pour but que de prolonger la paix, cette paix qui lui donnerait des matelots, enrichirait ses douanes, féconderait nos colonies, jetterait quelque argent dans nos ports de mer, et remplacerait peut-être, dans le cœur des Français, l'enthousiasme par l'amour, par l'amour des peuples qui survit à tous les prestiges de la gloire, et que les outrages de la fortune ne sauraient anéantir.

Au lieu de recueillir ces avantages, il compromet toutes les ressources d'un commerce naissant; et son ambition livre aux Anglais, qui n'attendaient qu'un prétexte plausible, tous ces navires dont l'armement avait épuisé nos places maritimes, et qui portaient les dernières espérances d'un grand nombre de familles, dont la révolution n'avait pas achevé la ruine, et qu'une paix trompeuse a plongées dans la misère.

Cependant telle était encore la confiance des Français, que Buonaparte leur dit tout ce qu'il veut sur les causes de cette rupture intempestive. Il parle de venger la nation, de punir l'Angleterre ; la nation répondant à son appel, embrasse les plus hautes espérances. Ceux-mêmes qui gémissent de sa fortune, consentent à la lui pardonner, s'il réussit à vaincre nos rivaux éternels. Mais son impatience ne rêve cette fois encore que des escadrons ; il consomme les dons du patriotisme dans des constructions ridicules : il veut jeter son armée sur l'Angleterre ; il ne peut le faire qu'après un gros tems qui ait écarté les flottes anglaises , et dans un seul jour ou dans une seule nuit : mais l'heure des marées, et la nécessité de faire sortir des ports tous ces armemens à-la-fois, pour saisir le seul instant favorable, sont des circonstances auxquelles le soldat heureux n'a jamais pensé. Il vient à Boulogne visiter son immense flottille, ce gaspillage énorme de bois et de munitions navales ; il interroge des gens du métier ; il reconnaît en lui-même sa folie, sans vouloir toutefois en convenir ; et comme il ne peut pas être venu pour rien, il érige un monument comme en témoignage de son impuissance, et fait, sur notre rivage, une distribution solennelle de ses croix d'honneur, dont Guillaume le Conquérant n'aurait voulu s'occuper que sur le rivage ennemi.

Quand on songe à l'animosité qu'il a toujours montrée contre l'Angleterre, on se demande comment une haine si forte, si constante, a pu sans cesse être déjouée ; c'est que Buonaparte n'a jamais été conduit que par les événemens, sans jamais les attendre ou les faire naître ; c'est que le mérite distinctif des grands hommes, l'art de composer, en quelque sorte, l'avenir avec le tems actuel, ne lui fut pas accordé. Buonaparte voyait très-bien, dans une bataille, le moment de la gagner : ce moment décisif échappait-il à son impatience, il ne voyait plus rien ; ce n'était plus lui qui pouvait faire revenir la victoire : Buonaparte n'eut, à un degré, si l'on veut, extraordinaire, que le génie et l'inspiration du moment.

Mais le succès de la lutte avec l'Angleterre ne dépendait pas d'un seul jour ; il fallait qu'une longue suite d'avantages partiels amenât un grand jour de gloire. La construction de cent frégates n'aurait pas coûté beaucoup plus que celle d'un millier de bâteaux plats condamnés à la pourriture ; et cent frégates auraient pu s'élancer sur toutes les mers, harceler constamment le commerce anglais, lui causer un mal prodigieux. Plusieurs auraient été prises ; mais le plus grand nombre serait rentré dans nos ports avec des richesses, des matelots formés et des officiers, sinon très-habiles, du moins audacieux. Nous aurions eu d'abord des Jean-Bart, des Duguay-Trouin, au défaut des Tourvilles; mais les Tourvilles auraient enfin paru. Cette tactique, pratiquée durant cinq à six ans, nous aurait permis de construire quatre-vingts vaisseaux plus ou moins. Même en ne quittant pas nos ports, le nombre de ces vaisseaux eût suffi pour intimider l'Angle-terre; car enfin nos flottes pouvant appareiller d'un moment à l'autre, il n'y avait pas de raison pour que la fortune trahît sans cesse notre cou-rage, secondé par le nombre et fortifié par l'expérience qu'on aurait acquise.

Mais les Anglais, dira-t-on, nous auraient suscité des guerres sur le Continent; eh bien ! nous aurions attendu l'*Europe en armes* sur nos frontières, si tant est qu'elle eût pu se réu-nir; et l'*Europe en armes* ne nous aurait pas empêché de gagner enfin, sur mer, quelque grande bataille. Mais, dira-t-on peut-être encore, Buonaparte n'aurait-il pas été jaloux de l'amiral qui eût donné, à notre nation, des lauriers d'autant plus précieux qu'elle n'y était plus accoutumée? A cette question, je me tais, en déplorant le sort de ma patrie, à qui un tel homme fut donné pour chef, et l'indignation de mes concitoyens comprendra mon silence.

On ne saurait dire trop souvent aux Français qne Buonaparte n'aimait pas leur patrie, qu'il ne l'a jamais regardée comme sienne, et que, dans tout ce qu'il fit, il ne considéra jamais que lui, absolument que lui seul. Il haïssait les Anglais comme ses ennemis particuliers, non comme les rivaux obtinés de la France. Outre le système de guerre maritime qui lui fut conseillé, une autre voie s'offrait à nous, sinon pour vaincre, du moins pour inquiéter l'Angleterre, sans effusion de sang et sans perte d'hommes. Une première exposition des objets de notre industrie avait produit un grand bien; pourquoi cette noble manière d'encourager les arts fut-elle abandonnée? Elle entraînait trop de dépenses, dit-on; mais ces dépenses étaient utiles, et tant d'autres ne l'étaient pas! Elle entraînait trop de dépenses!..... Mais vit-on jamais cette considération arrêter Buonaparte? Il est vrai que, dans le jeu terrible qu'il nous forçait à jouer avec lui, s'il aimait à prodiguer nos écus, il trouvait encore moins difficile de prodiguer nos têtes.

N'ayant ni assez de patience, ni assez d'habileté pour vaincre l'Angleterre, il ne songea

plus qu'à la braver, et, dans cette vue, il pré-
cipita le moment de se proclamer empereur. Il
avait fallu nous pervertir pour nous donner une
république ; il faut nous séduire, dans un sens
contraire, pour nous faire présent de l'impérialité.

Les idées monarchiques avaient repris une
grande faveur en France ; des écrivains élégans
et corrects, dont quelques-uns brillaient autant
par leur esprit que par leur malice, ne per-
daient aucune occasion de rappeler à notre
pensée d'antiques souvenirs. Depuis la révolution
du 31 mars, ces écrivains ont voulu faire hommage de leurs honorables principes à leur fidélité
pour le sang de nos Rois ; mais comme ils ont
reçu, des mains de Buonaparte, de l'or et des
places, il nous est permis, je crois, de voir en
eux, plus d'habileté que de franchise, plus
d'astuce que de grandeur d'ame, plus de bassesse
encore que de vrai talent.

Toutefois ces écrivains, dont les maximes
chatouillaient l'ambition de Buonaparte, pouvaient, sans le vouloir, égarer l'opinion publique sur le véritable but auquel on se pressait
d'atteindre. L'assassinat du duc d'Enghien, d'un
petit-fils du grand Condé, d'un des membres les
plus chéris de la famille des Bourbons, servit à
détromper ceux que leur bonne foi, que leur
simplesse aveuglait encore, et le tems n'était plus

où Lucien Buonaparte, d'accord sans doute avec son frère, avait dû montrer l'intention d'écrire l'histoire de Monck, oui, de l'illustre général Monck !......

Je viens de prononcer un nom bien respectable et bien grand ; il n'a tenu qu'à Buonaparte de rendre le sien plus respectable et plus grand encore. Avec quelle vénération eût été prononcé, parmi nous, ce nom de Buonaparte, qui n'inspirait naguère que la terreur, qui n'excite plus aujourd'hui que la haine et le mépris ! Le restaurateur de la monarchie française en eût été le premier personnage après le Roi. Avec quel honneur elles eussent retenti dans la postérité, les paroles qu'il aurait proférées en remettant le souverain pouvoir dans les mains de ses antiques possesseurs ! Jamais les baisers donnés à son aigle, en quittant Fontainebleau, ne retentiront ainsi. Au lieu d'un misérable refuge dans les rochers de l'île d'Elbe, il aurait pu garder, pour lui, cette couronne des Lombards ensevelie depuis si long-tems dans le trésor de Monza, et qui eût assuré son indépendance. Peut-être n'aurait-il pas pris la devise : *Dieu me l'a donnée, malheur à qui la touche;* mais il aurait pu dire : *la France est pour moi, malheur à qui voudra nous désunir !* La reconnaissance pouvait seule lui donner un trône ; il n'a voulu connaître de droit

que celui de la force; et la force a fini par l'accabler, par briser, comme un verre fragile, tous
ces sceptres qu'il entassait dans ses mains sanglantes et perfides.

Buonaparte veut se faire Empereur : il extor-
quera le consentement des Français; aura-t-il
celui des puissances de l'Europe? Il pourra bien
régner malgré nous; mais s'il faut encore qu'il
règne malgré elles, le pourra-t-il toujours? Il
corrompra des ministres; ayant été long-tems
corrompu et corrupteur dans sa vie privée, il
connaît mieux qu'un autre les ruses qu'il doit
employer, les triomphes qu'il peut se promettre :
mais corrompra-t-il de même, dans les souverains, la conscience de leur dignité? Comment
fera-t-il entendre, à ces antiques maisons, qu'il
est devenu leur égal? Comment fera-t-il entendre
à tous ces généraux qui ont vu naître, qui ont
fait en partie sa fortune, que, non-seulement il
est leur supérieur, mais qu'il était destiné à l'être
de toute éternité? Prouvera-t-il l'excellence de sa
nature à ces hommes généreux qui ne voient de
grandeur que dans la vertu, que dans le pouvoir
de faire du bien à leurs semblables, et qui,
cherchant en vain, sur la terre, cette égalité
primitive dont leur ame noble et pure se forme
une si douce image, se résignent par sagesse à l'obéissance, mais envers ceux-là seule-

ment à qui leurs pères ont obéi, et confondent ainsi, dans un seul hommage, le respect qu'ils doivent à leurs aïeux et celui qu'ils accordent à leurs Rois? L'Angleterre est puissante, il l'avoue; ses guinées peuvent soulever contre lui toute l'Europe; que lui importe! n'a-t-il pas de nombreux soldats? N'y a-t-il pas, en France, des femmes pour lui en donner tous les ans? Il guerroyera jusqu'à ce que toute l'Europe l'ait reconnu. Mais si l'Angleterre s'obstine à lui refuser un titre dont il est si jaloux, quelle sera la position de notre ambitieux? Quel rôle équivoque jouera-t-il? Quelle suite d'affronts ne lui faudra-t-il pas dévorer? Pourquoi donc ne pas essayer de vaincre d'abord l'Angleterre, puisqu'il faut toujours qu'il finisse par là?...

Français, que l'éclat de quelques victoires prévient encore en faveur de cet homme, examinez bien ce qu'il a fait, quand il vous a dit : je veux être votre Empereur! Et vous, ames rampantes qui cherchiez à deviner ses moindres soupçons, à flatter ses caprices les plus frivoles, histrions politiques dont il soufflait le rôle de chaque jour, quand vous avez dit : *qu'il soit ce qu'il veut être*, savez-vous ce que vous avez fait? Lorsqu'à la fin de chaque mois vous tendiez la main pour recevoir votre salaire, n'avez-vous jamais, comme Lady Macbeth de Shakespeare, remarqué sur cette main vénale, des traces de sang que tous vos efforts ne pouvaient point enlever? Et ce sang, ce sang de tant de victimes, n'avez-vous jamais pensé que votre main en touchait le prix? Et vous, citoyens honnêtes, mais pusillanimes, qui, fatigués de nos longues discordes, avez dit : qu'il règne, puisqu'il nous promet le repos dans l'intérieur, puisqu'il assure par-là notre existence et nos biens; citoyens pusillanimes, savez-vous ce que vous avez fait? Parcourez les champs de bataille d'Austerlitz, d'Jena, d'Eylau, de Friedland. Peut-être l'entendrez-vous s'écrier, à l'aspect de tant de cadavres étendus sur la terre : voilà une grande consommation! Mais observez-le bien; il sourit dans cet instant-même, en songeant que tant de milliers d'hommes ne sont morts que pour lui, pour lui seul. Parcourez le vaste cimetière des Espagnes, et cherchez-y quelqu'endroit où ne soit pas écrit, sur la cendre, en caractères de sang : voilà ce qu'il a fait, quand il vous a dit: je veux être votre Empereur. Pourquoi retracer les désastres inouis qui ont accompagné sa retraite de Moscou? Les massacres de l'Allemagne, ceux des Espagnes, ceux de la Russie, la perte de nos trésors, l'anéantissement de toutes nos ressources, la mort de cinq millions de français, tout était compris dans ces mots : je

veux être votre Empereur. Eh bien! il l'a été ;
mais il ne l'est plus..... et vos enfans sont morts,
vos finances sont épuisées, et vingt ans de paix
ne suffiront pas pour cicatriser nos plaies ! Il
n'est plus votre Empereur; mais il survit à sa
honte, et, dans les rochers qu'il habite, il se
propose d'écrire l'histoire de ce qu'il a fait ! Et
nous aussi, nous l'écrirons ; et, s'il est des vengeances éternelles, comme nous devons le désirer, cinq millions d'ombres pâles et sanglantes
apparaîtront devant lui au jour du jugement,
pour lui rappeler ce qu'il a fait, quand il leur a
dit : je veux être votre Empereur !

Cependant il est tant d'hommes qui ont pris
l'habitude de voir faux, depuis vingt-cinq ans ;
tant de jeunes esprits dressés à ne voir rien du
tout, hors l'avancement et les plaisirs; tant d'ames
serviles qui laissent subjuger en elles toute faculté de penser, tout instinct de raison, que
bien des gens auront peine à reconnaître , dans
ces paroles sinistres, le présage des horreurs
dont la France vient d'être accablée! Eh bien !
qu'ils entendent leur idole nous annoncer plus
clairement cette longue suite d'horreurs. N'a-t-elle
pas dit : dans dix ans ma maison sera la plus
ancienne de l'Europe? Elle n'a donc pas consi-
déré , cette idole superbe, les profondes racines
de ces antiques souches de Rois? Elle n'a donc

pas vu comment ces racines se fortifiaient les unes les autres, par de vastes et de nombreux entrelacemens? Cet homme qui veut fonder un si grand empire a lu, sans doute, l'histoire de l'empire romain. Il sait comment l'ambition du peuple roi, devenu par la suite, comme nous l'étions naguère, un peuple d'esclaves, tyrans des hommes libres, réduisit à s'exiler dans le nord tout ce qui gardait, sur la terre, quelque sentiment d'indépendance. Il sait que ces ames indomptables y firent fructifier leur juste haine pour le nom romain, et transmirent à leurs descendans la volonté bien ferme d'attaquer l'ennemi par toutes les brèches que l'orgueil des victoires et les fautes que cet orgueil amène, leur laisseraient ouvertes; mais ignore-t-il que ces illustres maisons, dont il a juré la ruine, ont été fondées par les chefs de ces mêmes peuples, qui ont enfin puni Rome et vengé l'univers trop longtems opprimé? Qu'il les traite de barbares, ces anciens chefs; qu'avec la tourbe des écrivains vulgaires, il nous rappelle leur ignorance et la grossièreté de leurs mœurs! Ces barbares, qui n'avaient rien appris, surent pourtant l'art de vaincre, et ils durent mépriser tous ces arts frivoles que les Romains avaient déjà perdus, et qui n'avaient pas empêché leurs défaites. Et cet homme, sorti d'une race obscure, veut anéantir les nobles fils des vengeurs du monde ! Il veut abattre cet arbre immense de la politique moderne qui, depuis plus de mille ans, couvre l'Europe de son ombre ! Mais quels instrumens peut-il employer dans cette œuvre gigantesque, hors les bras de nos enfans ? C'est avec nos enfans qu'il portera partout le fer et le feu ; qu'il fera couler des fleuves de sang et de larmes ; qu'il privera les femmes étrangères de leurs fils, de leurs époux ; qu'il ravira aux villages leurs moissons ; à l'indigence, à la vieillesse, leurs retraites sacrées ; aux familles, leur fortune ; aux Rois, leur trône ; aux peuples, leur liberté ; afin que des Corses puissent dire, après dix ans : notre maison est la plus ancienne de l'Europe. Mais l'Europe n'est pas si petite, et pour peu que les Corses éprouvent de résistance, notre jeunesse, quelque nombreuse qu'elle soit, quelque précocité que les décrets lui donnent, ne pourra suffire à ces dévastations, à ces massacres continuels, dont les instrumens s'usent avec tant de rapidité. Alors vous irez, à votre tour, sur les champs de bataille, enfans en cheveux gris, beaux raisonneurs, qui disiez naguère : pourquoi ne serait-il pas empereur tout comme un autre ?

Des hommes qui se croyaient des politiques transcendans, s'imaginaient avoir bien mérité de l'espèce humaine quand ils avaient répété avec le grand génie du siècle ces mots retentissans de *paix du monde* et de *système continental*. Depuis que nous n'avions plus de patrie, on nous proposait de faire le bonheur de tout l'univers. Cependant il eût été convenable avant tout qu'on nous expliquât un peu ce qu'on entendait par cette paix du monde toujours promise quand on préparait une nouvelle campagne, toujours obtenue au retour des plus sanglantes expéditions. Quant à moi, je pense que ce n'était là que des paix de détail ; le monde n'aurait enfin conquis la paix générale que le jour où le grand pacificateur se fût trouvé seul debout au milieu de tous les autres humains couchés dans la poussière, et gratifiés du repos de la tombe que sans doute il ne leur eût pas envié.

A l'égard du *système continental*, le sens n'en était pas aussi clair, à moins que cette expression ne signifiât une espèce de système planétaire dont Buonaparte eût été le soleil. Quelques paroles qui lui sont échappées, quelques gentillesses imaginées par les Tigellins, porteraient à définir ainsi cette alliance de mots dont peut-être il se réserve le commentaire dans ses mémoires.

Pour arriver à cette paix du monde, pour

établir ce système continental, il fallait fermer tous les ports de l'Europe aux marchandises anglaises. Après avoir livré bien des batailles, après avoir semé beaucoup d'or dans les négocia‑ tions, Buonaparte n'était pas encore le maître de tous ces ports, de toutes ces baies perfides ; et comme à la rigueur, les marchandises anglaises auraient pu se glisser en Europe par les ports de l'Asie, il aurait fallu pousser enfin la ligne des douanes françaises jusqu'à la presqu'île de Corée ; car Buonaparte ne pouvait pas de bonne foi se fier aux douanes étrangères, quand elles promettaient de ne plus gagner d'argent avec nos ennemis. Mais pouvait-il compter beaucoup sur les douanes françaises, surtout à une grande distance de la capitale, cet homme, qui, après avoir fait de notre enthousiasme l'agent de sa grandeur, avait décidé que la corruption de tous serait la garantie principale de la conser- vation d'un seul? Et quand le chef de l'état, pour remplir sa cassette particulière, cette cassette qui a salarié tant de crimes, se mêlait lui- même de commercer avec l'Angleterre ; quand il exposait ce qu'il appelait son peuple à la famine pour nourrir les anglais et pour obtenir à nos dépens un bénéfice immense ; quand il fesait fusiller des femmes enceintes pour avoir souhaité que tant de grains qu'on exportait sous leurs yeux, (*) servissent à nourrir leurs plus jeunes fils, de préférence à ces troupes ennemies que combattaient leurs fils aînés dans les deux Espagnes ; quand le chef de l'état se laissait emporter ainsi par sa cupidité, pouvait-il croire que ses douaniers seraient incorruptibles ? S'il n'avait pas prévu ce qui se passait dans les ports, c'était un imbécille : si, après avoir corrompu lui-même tout le monde, il voulait empêcher qu'on ne se laissât corrompre par d'autres que lui, c'était un tyran plus insensé que les Néron et les Caligula.

Pourquoi nous arrêter plus long-tems sur ce projet de fermer tous les ports de l'Europe aux marchandises anglaises ? Nous ferions croire que les gens sensés partageaient à cet égard l'erreur de la canaille pour qui toutes ces absurdités étaient imaginées. Il est vrai que dans ce siècle de lumières, tant de gens adhéraient aux opinions, aux sentimens de la canaille ! et cela ne doit pas étonner ; rien ne rend les hommes sots comme la corruption, et vit-on jamais plus grand corrupteur que Buonaparte ?

Midas convertissait en or tout ce qu'il touchait ; tout ce qui passait par les mains de Buonaparte

____

(*) Dans une émeute occasionnée à Caen par l'exportation des graius.

se tournait en pourriture. Il ne savait récompenser qu'avec de l'or; il ne savait promettre que de l'or. La gloire même était souillée par le salaire qu'il y attachait, et si l'honneur français n'a pas été détrôné dans le cœur des braves, certes ce n'est pas à Buonaparte qu'il faut s'en prendre; il a bien fait tout ce qu'il fallait pour cela. Servir l'état avec désintéressement, eût été regardé comme une duperie par le tyran lui-même : il eût puni la seule idée de pareils services comme un trait d'ambition, et peut-être aussi comme un reproche indirect de sa conduite. Il ne fallait pas aimer la patrie; il fallait aimer le tyran, et cet amour devait être acheté comme celui d'un domestique pour son maître. Avait-il blessé l'amour-propre de quelque serviteur, car l'amour-propre, qui se glisse partout, pénétrait quelquefois jusques dans sa cour, il indemnisait le patient par des gratifications pécuniaires ; et s'il accordait cinq cents francs de rente pour une jambe emportée, il savait aussi, dans l'occasion, donner mille napoléons pour une injure lâchée à contre-tems. Cependant il ne prodiguait pas cette sorte de compensation. Elle n'était en usage qu'envers les personnes qui lui étaient absolument nécessaires et qui pouvaient se laisser corrompre par le désir de la vengeance.

L'institution de la légion d'honneur, idée

libérale dans son origine, devint bientôt vicieuse. Ce traitement qu'on attachait à la décoration n'était pas indispensable pour la faire désirer ; les premiers braves à qui elle fut accordée, ne s'étaient pas battus pour de l'argent, mais bien pour la liberté qu'on venait de leur ravir, et pour l'honneur qu'on cherchait à corrompre dans sa source. Ils n'avaient pas besoin d'être plus riches du moment qu'ils étaient plus distingués. L'alliance impure de l'honneur avec l'argent exposait les braves à se tromper dans l'objet de leurs désirs. L'honneur pouvait bien passer pour la récompense des devoirs remplis envers la patrie ; mais l'argent n'était que le salaire des services qu'exigeait, pour lui-même, le chef de l'état. A la longue, ces dangereux services devaient obtenir la préférence, et telle fut la pensée de l'instituteur.

Une récompense, déjà vicieuse de sa nature, devait être au moins distribuée avec choix, et même avec une sorte de scrupule religieux ; mais les élémens dont l'état s'était formé entrèrent nécessairement dans la composition du nouvel ordre de chevalerie ; car il eût été singulier qu'on pût être membre du sénat, ou de tout autre grand corps, sans appartenir à l'honneur. Peut-être eût-il mieux valu que l'honneur militaire fût distingué de toute autre illustration acquise, dans un

7.*

tems de trouble, et que le mérite d'avoir prodigué son sang pour la patrie, ne fût pas confondu avec l'avantage d'avoir servi, par sa plume ou par ses bassesses, les nombreuses factions qui se montrèrent si jalouses d'en déchirer le sein.

D'un autre côté, les décorations furent prodiguées sans mesure, et devinrent souvent la proie de l'intrigue et de la nullité. Après une affaire brillante, on accordait un certain nombre de décorations à tel régiment. Le quartier-maître qui n'avait pas vu le feu s'en adjugeait une ; les autres étaient, en quelque sorte, à la disposition des chefs ; et de jeunes officiers, qui sortaient à peine du collége, se montraient tout de suite décorés, au préjudice de vieux soldats qui fesaient leur vingtième campagne et n'avaient jamais faussé l'honneur.

On crut, pendant quelque tems, que la légion d'honneur allait tenir lieu de noblesse. Cette noblesse viagère n'aurait pas blessé les esprits. On se trompait ; l'institution de la légion d'honneur servit à préparer l'établissement d'une noblesse héréditaire, à ramener parmi nous ces distinctions qu'on avait proscrites avec tant d'acharnement. Il est vrai que, pour comble d'extravagance, en créant de nouveaux nobles, on défendit aux anciens, sous des peines trèsgraves, de faire usage de leurs titres. Cette

inconséquence bizarre éveilla les sifflets du ridicule, et les Jacobins devenus comtes et barons
parvinrent enfin au dernier degré de bassesse où
le sort pouvait les réduire. Quelques-uns plus
cuirassés contre les traits du mépris gardèrent
leur nom ; les autres profitèrent, avec joie, du
déguisement qu'on venait d'offrir à leur nudité
hideuse. Des hommes d'un rare mérite, de vail-
lans officiers furent appelés dans les rangs de
cette nouvelle noblesse ; mais qu'avaient-ils fait
pour qu'on renouvellât, envers eux, l'affreux
supplice de Mézence ? (*) Pourquoi dès l'origine avilir cette noblesse, en donnant aux riches la faculté de l'acquérir, sans autre mérite
que celui du coffre-fort ? L'intégrité, l'honneur,
la justice, ne sont plus que de vains mots, si
un dilapidateur de la fortune publique, si un
dévorateur de la subsistance des soldats, peuvent,
par le même moyen, éviter la corde et se faire
Comtes ou Barons.

Car ne croyez pas qu'on établisse une en-
quête bien sérieuse sur les mœurs et la conduite
du postulant à la noblesse ; le chef a dit : donnez-
moi des nobles ; on lui en donne comme des
conscrits : tout choix serait inutile ; quand le
chef a parlé, il doit être servi sur-le-champ. Il

(*) *Mortua quin etiam jungebat corpora viris.....*
Virgile. Enéide, liv. 8.

fallait une noblesse pure et sans reproche à notre siècle raisonneur, et cette noblesse d'un jour était aussi déchue, qu'une noblesse héréditaire où les vertus des aïeux seraient, depuis long-tems, en oubli. Tel était, au reste, le sort de toutes les institutions de Buonaparte : il avait la manie de créer avec quelque matière que ce fût ; ses flatteurs le regardaient comme un Dieu ; aussi créait-il souvent avec de la boue.

Une partie de l'ancienne noblesse est admise dans la nouvelle ; mais le Comte d'autrefois devient Baron ou Chevalier, tant on se plaît à renverser toutes les idées ! D'ailleurs, laquelle des deux noblesses prétend-il honorer par cette fusion qu'il ordonne ? N'est-ce pas dans la nouvelle qu'il a fait entrer des fournisseurs, des agioteurs, des gens d'affaires ? N'est-ce pas des anciens nobles qu'il a dit : je les ai appelés dans mes armées, ils ont été sourds à ma voix ; je les ai appelés dans mes antichambres, ils s'y sont précipités ?

Quoique je n'aie jamais conçu comment un homme qui méprisait tant ses semblables, pût être si jaloux de les soumettre à son empire, je vois néanmoins fort bien, dans ce profond mépris, la source impure de tant de places et d'emplois onéreux pour l'état, mais utiles au chef, qui sollicitait partout des partisans dévoués à sa fortune. Tout bon citoyen ne pouvait ouvrir l'almanach impérial, sans reculer d'épouvante devant cette nuée de gens armés de plumes qu'il fallait, non pas nourrir, mais engraisser; non pas salarier, mais gorger de biens. Quelque vaste que fût l'empire, la moitié des employés eût été suffisante pour le travail des bureaux. Ce travail toutefois n'était jamais au courant : un petit nombre de commis sans protection en supportait tout le poids ; les autres étaient payés pour venir à midi, tailler leur plume, lire la gazette, causer spectacles et sortir : quelques-uns même étaient payés pour ne pas venir du tout. Des célibataires qui jouissaient de douze mille livres de rente emportaient, du premier abord, des places de six mille francs ; et des pères de famille, sans bien, ou que les décrets sur le commerce avaient ruinés, ne pouvaient pas obtenir un misérable emploi de cent pistoles. Les hommes riches ne laissaient plus leurs fils se livrer au charme des arts ou de l'étude, aux plaisirs du monde, aux aimables devoirs de la société; à peine les enfans commençaient-ils à lire qu'on leur parlait d'avancement et de places. La jeunesse était ivre d'ambition ; elle intriguait à vingt ans avec plus de suite et d'opiniâtreté, qu'on n'en montrait autrefois à quarante. Les revenus publics étaient comme

un butin qui s'offrait en perspective à sa cupidité, à son avarice précoce.

Cette ambition effrénée s'était emparée de
toutes les classes : un procureur, un notaire à
Paris, cherchaient à faire fortune en cinq ans ;
le négociant voulait s'enrichir par deux ou trois
spéculations ; une témérité scandaleuse tourmen-
tait le commerce, et cette honnête profession
où la prudence est inséparable de la probité,
se trouvait envahie par des aventuriers obscurs,
à qui l'impudence et l'adresse tenaient lieu de
renommée.

Il est vrai que le commerce entretient un
esprit d'indépendance qui ne saurait plaire aux
tyrans. Par le commerce, on est l'artisan
de sa propre fortune ; Buonaparte voulait
que toutes les fortunes vinssent de lui seul :
comment aurait-il pu favoriser le commerce ?
Comment surtout l'aurait-il voulu, depuis qu'il
s'était établi le premier négociant de l'empire,
et qu'il avait déguisé sa commandite sous le
nom de ministère ? Aussi les décrets qu'il lançait
au besoin contre les commerçans, ses rivaux,
forment-ils le code le plus complet de ruse,
de perfidie et de mauvaise foi. Ruiner de fond
en comble les maisons les plus anciennes, les
plus respectables, était un jeu pour lui. Le plus
souvent il se contentait d'en rire : quelquefois

il payait, par sa croix d'honneur, la petite jouis-
sance que ce jeu lui avait procurée.

Les poètes à brevet déféraient à Buonaparte le
nom d'Alcide ; ils ne voyaient pas combien ce
sobriquet pouvait devenir injurieux. Alcide ter-
rassa bien des monstres ; mais il commit des
brigandages, et son histoire avec Cacus ne rappelle pas mal la conduite de Buonaparte envers
le commerce, dans ces derniers tems. Après avoir
mis à mort l'espagnol Gérion, qui ne lui disait
rien, Hercule emmenait les bœufs qu'il avait
enlevés, pour prix de son meurtre. Cacus, voleur
très-adroit, voit ces bœufs paître pendant la nuit ;
il les dérobe, et, pour déjouer les recherches,
il les traîne à reculons dans sa caverne. Ne
voilà-t-il pas le commerce frauduleux avec ses
ruses ? Mais Hercule avait probablement de
bons espions ; il découvre le repaire de Cacus,
l'assomme et reprend le fruit de son brigandage ;
car il voulait exercer le métier tout seul.

Cependant, il faut le dire, tous les négocians
que persécutait Alcide-Buonaparte ne ressemblaient pas au voleur Cacus. Il était même des
places où le commerce frauduleux ne pouvait
guère s'introduire. Leur sort n'en était que plus
déplorable : elles subissaient, sans aucune compensation, toute la haine du tyran.

Tu connus les effets de cette haine féroce,

8

ville chérie où j'ai passé de si beaux jours, antique nourrice des lieux qui m'ont vu naître ! (*) Toi dont mon enfance put voir encore toute la splendeur, cité malheureuse „qu'étaient devenues les richesses de tes citoyens, l'aimable enjouement de tes filles, les plaisirs folâtres de ta jeunesse? Quels jours de deuil avaient remplacé tes fêtes ! L'herbe naissait dans tes rues autrefois si fréquentées; ce port, jadis couvert d'une forêt de mâts, était plus solitaire qu'une rade inhospitalière; on n'entendait plus que les soupirs étouffés du désespoir sur tes quais si retentissans et si tumultueux, où la joie était sans cesse la compagne du travail. Tes maisons veuves d'habitans tombaient en ruines; et ton persécuteur s'efforçait de transporter, dans une ville étrangère, le chétif commerce que tu disputais encore à sa lâche tyrannie.

Marseille, ville infortunée, Buonaparte avait condamné tes enfans à périr de faim, parce que tes enfans avaient vu les pieds d'argile du colosse, et l'avaient toujours méprisé. Fiers et conservant la noble indépendance de leurs pères, ils ne savaient point flatter celui qu'ils devaient haïr. Leurs lèvres étaient pures, mais mena-

---

(*) Les petits ports qui avoisinent Marseille, et qui en sont comme autant de colonies, tirent, de cette ville, presque toute leur existence.

çantes, et ne laissaient échapper que les dange-
reux élans d'un cœur qui bouillonnait d'indignation. Enfin, elle a pu s'exhaler toute entière
cette indignation si juste et si long-tems com-
primée! Loin de tes murs adorés, mon cœur
a palpité de joie en apprenant les transports
que la délivrance de notre patrie a fait éclater
dans ton sein ; et quand je pouvais entendre
quelques-uns de tes citoyens racontant ce qu'ils
avaient fait pour exprimer leur allégresse, mes
yeux se mouillaient de douces larmes que je
laissais couler sans contrainte ; elles n'avaient
pas l'amertume de celles que j'ai si long-tems
répandues sur ton sort. Au récit de tes fêtes,
l'imagination, franchissant l'intervalle de nos
troubles et de nos longues douleurs, se reporte
à ces tems de sagesse où le patriotisme et la
religion inspiraient la reconnaissance des peuples, comme ils dictaient les devoirs des Rois.
Cité justement célèbre, ce caractère religieux
imprimé à tes réjouissances publiques ennoblit
tes malheurs, et justifierait, en quelque sorte,
l'aversion de ce tyran, qui fesait une guerre
opiniâtre à tout ce qu'il y a de noble et d'élevé
dans la pensée des hommes.

En effet, Buonaparte ne se contentait point
de haïr quiconque ne voulait pas ou ne pouvait
pas se trouver dans sa dépendance ; il étendait

son implacable fureur sur tous ceux dont l'ame, un instant consolée, voyait, au-dessus de sa couronne sanglante, la main terrible qui l'avait laissé tomber sur sa tête pour nous punir, et qui pouvait un jour la faire rouler dans la poussière pour le punir lui-même. Cet homme, qui voulait soumettre tous les esprits et diriger toutes les pensées, frémissait de courroux quand la religion rappelait à son orgueil impie que lui-même il dépendait de Dieu. Et la religion peut-el'e élever la voix, sans prêcher cette dépendance? Peut-elle ordonner un seul acte qui n'en soit l'aveu? Peut-elle inspirer une seule pensée qui n'en découle? Peut-elle reconnaître un seul désir qui n'y soit subordonné? Buonaparte abhorrait donc la religion et les hommes religieux : en cela du moins il était conséquent.

Toutefois il vit de bonne heure que, malgré la corruption du siècle, une persécution déclarée le rendrait trop odieux et nuirait à ses vues. Il suivit un autre système : il prit le parti d'étouffer ce qu'il ne pouvait abattre; d'anéantir, par le silence, ce qu'il ne pouvait détruire par la force; d'isoler, avec une rigueur secrète, mais continue, ce qui tendait constamment à se réunir. Mais cette politique si bien pratiquée par ses esclaves, il la trahissait involontairement plus d'une fois; et Tibère, oubliant tout-à-coup son rôle pour celui de Néron, portait ses mains sacriléges sur le vénérable successeur de Pierre; entré dans la prison du Pontife avec les paroles d'un pénitent à la bouche, il sortait de cette retraite sainte, en proférant les blasphèmes grossiers d'un soldat ivre et furieux.

Il était un autre sacerdoce qu'il se plaisait à persécuter; le sacerdoce de la nature, l'auguste vieillesse. Sa haine pour les cheveux blancs égalait son indifférence pour les têtes des enfans-soldats; s'il souffrait qu'après une effroyable boucherie, sa maison, composée de plus de 60 voitures, traversant ventre à terre le champ de bataille, écrasât, sans pitié, les mourans et les blessés; d'un autre côté, le féroce contempteur de l'espèce humaine, ne laissait perdre aucune occasion d'insulter les vieillards. Leur expérience était un crime à ses yeux. Il lui semblait que ces têtes blanchies calculaient le moment de sa chute, et se promettaient, en silence, d'être encore debout quand son trône serait enfin par terre. Ce mépris pour les vieillards, il le communiquait à la jeunesse qui l'entourait, et qui seule paraissait propre à son administration tyrannique et meurtrière. Il ne fallait, avec lui, ni bon sens, ni souvenirs : sa volonté devait tenir lieu de tout. Ses administrateurs n'avaient besoin ni d'yeux, ni d'oreilles;

il leur suffisait d'une voix pour commander
l'obéissance; les oreilles et les yeux n'étaient
que pour ses mouchards; et certes, ils com-
pensaient avec usure la privation qu'on imposait
aux autres.

Le sphinx, qui dévorait nos enfans hors d'état
de le comprendre et qui redoutait, pour ses
énigmes, la froide expérience des vieillards, ne
pouvait pas aimer beaucoup les femmes , dont
l'opinion sur tout ce qui tient aux affaires publiques est plus désintéressée que la nôtre, et
qui sentent quand les hommes calculent. Le
moderne Attila tremblait devant des quenouilles;
le bon mot d'une femme d'esprit déconcertait
son glaive; il craignait pour son empire hérissé
de baïonnettes, cet autre empire si puissant sur
le cœur des français; il se rappelait, sans doute,
que les femmes présidaient aux conseils des
Gaulois, et que ces conseils ouvrirent, à nos
aïeux, le chemin du Capitole.

Qu'aimait-il donc cet homme que ses partisans
ont élevé si haut, et que plusieurs regrettent
encore? On nous assure qu'il aimait les arts;
il serait plus juste de dire qu'il s'en servait
comme il se servait des hommes , sans les aimer.
Il a, sans doute, fait exécuter des travaux
utiles : en ma qualité de français, je ne puis
ranger aujourd'hui, parmi ces travaux, la route

du Simplon, qui donne à l'Italie des avantages dont elle ne jouissait pas autrefois ; les fortifications d'Anvers, de Cassel, d'Alexandrie, de Corfou ; mais c'est bien plutôt sa faute que la mienne : à cela près, j'avoue que dans notre ancienne patrie il a poursuivi, avec zèle, des entreprises commencées ou projetées par nos derniers Rois. Car on serait trop ingrat d'oublier que ces routes magnifiques dont la France est coupée dans tous les sens ; que ce canal du Languedoc appelé, de nos jours, canal du midi, pour lui donner un air de nouveauté ; que le canal d'Orléans confondu, par le même motif, avec le canal de Loing, ne sont pas dus à la munificence de Buonaparte ; et que celui de St.-Quentin, dont il a voulu s'arroger toute la gloire, avait été projeté et même commencé depuis long-tems. Mais le port de Toulon, ceux de Rochefort et du Havre, tant de forteresses qui bordent nos frontières, à qui la France en est-elle redevable ?

Paris a des quais de plus ; on a percé des rues ; on a désobstrué des ponts chargés de maisons gothiques ; j'en conviens : mais, pour tous ces ouvrages, il a fallu qu'on introduisît des maximes jusqu'alors inconnues sur la propriété. Nos Rois avaient la bonté de croire que, pour s'emparer d'un terrain, d'une masure tombant en ruines, il ne suffisait pas de les payer, ni même de les bien payer; ils pensaient qu'on devait s'astreindre à certaines formes, et qu'il ne convenait pas d'envoyer les maçons, avant d'avoir l'agrément du propriétaire. Nos Rois tenaient religieusement à ce qu'avaient fait et possédé leurs pères; ils savaient que les particuliers tenaient aussi beaucoup à leurs héritages. Buonaparte, cet homme tout nouveau, ne pouvait pas s'arrêter à ces vieux sentimens.

Les places de Paris avaient besoin de fontaines, il leur en a donné; toutefois cet amateur des arts aurait bien pu donner, à la plupart de ces fontaines, de meilleurs architectes : il aurait bien dû surtout, devant le portail de St.-Sulpice, ouvrage si noble et si majestueux du dernier siècle, ne pas exposer cette fontaine en miniature, qui paraît si ridicule, et qu'il pouvait tout aussi bien laisser dans une galerie de modèles. Il a jeté de beaux ponts sur nos fleuves; ses dernières folies en ont bien fait détruire : et les ponts de Louis XVI et de Neuilly ne furent jamais surpassés, ni peut-être même égalés par les siens. Il a construit des abattoirs, des halles aux vins; il a commencé un grenier d'abondance; mais les droits établis sur l'usage forcé de ces édifices devaient, en peu de tems, indemniser de ses avances l'auguste et magnifique entrepreneur. Ce ne fut pas dans cet esprit tout moderne, que Louis XIV et Louis XV firent élever l'hôtel des Invalides et l'école militaire.

N'a-t-il donc rien laissé parmi nous, cet amateur des arts, qui porte l'empreinte du désintéressement et de la véritable grandeur ? Etait-ce donc seulement pour avoir fait gratter le Louvre, qu'il y déposait partout son chiffre et ses emblêmes ? Et cette inscription qu'on y lisait naguère annonçait donc faussement qu'il avait lui seul terminé ce palais admirable, où tant de Rois voulurent attacher la gloire de leur règne !

Il est néanmoins quelques monumens de grande proportion qui n'annoncent pas d'arrière-pensée financière. La colonne de la place Vendôme, par exemple, est irréprochable à cet égard. Mais comment se fit-il que ce magnifique trophée destiné uniquement à la gloire des armées, ce trophée, dont l'érection devait être célébrée par des chants annuels, où le nom de Buonaparte ne serait point proféré, se trouva couronné de sa statue dominatrice, à laquelle on ne s'attendait point ? Cette autre colonne qu'il devait élever au lieu-même où le bon Henri vient de retrouver son antique place, cette colonne promise à la gloire de la nation française, aurait donc été, comme la première, surmontée de l'inévitable statue ? L'armée, c'était

donc lui ; la nation française, c'était donc lui.
Caligula désirait que le peuple romain n'eût
qu'une tête, pour la couper ; Buonaparte , qui
ne se bornait point à des vœux, regardait
toutes les têtes de l'Europe et de la France ;
comme des abstractions ; la sienne seule était
une réalité qui pensait tout, fesait tout et en-
gloutissait tout.

Parlerai-je de ces éternels tableaux de bataille dont frémissaient les arts ; de ces masses
d'habits bleus, de baïonnettes, de schakos et
de gibernes ; de ces tas de morts et de blessés
qui donnaient à nos dames une idée de ce que
devenaient leurs fils ; de toutes ces toiles sanglantes dont nos yeux étaient rassasiés tous les deux
ans , et qui portaient tous les deux ans une empreinte plus prononcée de décadence et de barbarie? A mesure que les talens se dénaturaient, leurs
productions étaient mieux récompensées; et l'on
a pu dire , avec raison, que si ce n'était pas le
règne des arts , c'était du moins le règne des
artistes.

Les grandes faveurs accordées à quelques
chefs d'école avaient prodigieusement accru le
nombre des peintres ; mais ces peintres se ressemblaient tous : on ne voyait, dans les tableaux,
que les mêmes jambes, les mêmes bras, les mêmes attitudes, les mêmes traits, le même agen-

cement de figures et presque la même composition. Chacun voulait imiter des maîtres qui
étaient si bien payés.

Je demande pardon à mes lecteurs de les
entretenir si longuement des arts ; l'importance
accordée à ces délassemens de la société, dans
un tems où la vie et la fortune des hommes
étaient comptées pour rien , me fait un triste
devoir de cet examen. Nous savons à quoi nous
en tenir sur les arts du dessin ; les arts qui dé-
pendent plus particulièrement de la pensée furent-
ils plus heureux ? La protection du chef de l'état
leur devint-elle moins funeste ?

Non content de forcer le marbre et la toile
à composer son panégyrique, Buonaparte ; en
s'élevant à sa haute fortune , dit à ses premiers
valets : qu'on jette quelques poignées d'écus à la
tête des poètes, afin qu'ils chantent mes exploits.
De misérables rimeurs, se trouvant plus près
que les autres, tombèrent sur les écus à-peu-près
comme des coqs, dans une basse cour, (qu'on
me permette cette similitude triviale) dévorent
en un instant le grain qu'on leur abandonne ; et
de même que les coqs repoussent à coups de
bec leurs camarades trop tard venus, de même
ces rimeurs avides , fesant valoir les droits de
premier occupant, ne songèrent plus qu'à re-
pousser quiconque se présenterait après eux.

9 *

On les vit cumuler les places, saisir les pensions, se rendre maîtres des journaux, gouverner les tripots de tous les théâtres, acheter des comédies, des vaudevilles, des drames, ou faire payer la faveur d'accoler leur nom à celui de quelque auteur sans crédit, solliciter à la police des emplois de hauts et puissans mouchards, et gagner enfin sans rien faire, malgré tant de métiers, autant et plus que trois généraux ensemble. Après que ces messieurs eurent ainsi pris leurs avantages, les avenues du Parnasse se trouvèrent fermées; il ne fut plus permis à personne d'y pénétrer. La consigne fut donnée aux journalistes, aux comédiens, aux chefs de coteries. On avait beau célébrer, en vers pompeux, l'asservissement de sa patrie; la honte ne produisait plus aucun fruit; cette branche d'industrie avait séché comme les autres. Voilà pour les poètes.

Quant aux orateurs, historiens et moralistes, on eût dit qu'ils étaient passés de mode. En effet, qu'avait-on besoin d'orateurs, puisqu'on ne voulait plus ni religion, ni patriotisme? D'historiens, quand on possédait de si habiles feseurs de bulletins? De moralistes, lorsque la volonté du chef refaisait chaque jour le juste et l'injuste? Ces gens-là n'étaient pas seulement inutiles, ils devenaient très-dangereux. Mécontens de leur siècle, ils pouvaient reporter nos souvenirs vers des époques plus fortunées , et Buonaparte voulait nous persuader que son règne surpassait tous les autres , en gloire comme en bonheur. D'ailleurs, il était jaloux de tous les grands capitaines , de tous les grands hommes , non-seulement vivans, mais trépassés ; non-seulement de France , mais de Grèce et de Rome. Tout éloge qui n'était pas pour lui blessait son amour-propre ; tout élan d'humanité pouvait nuire à la conscription ; tout exemple de patriotisme chez les peuples anciens était, pour notre âge, un exemple corrupteur.

Cependant, quoique Buonaparte eût , dit-on, demandé conseil pour anéantir les histoires de Tacite , il n'était pas aussi facile d'arrêter cette manie d'écrire , quelquefois si fastidieuse pour le public, mais toujours redoutable aux tyrans, qu'il lui fut aisé, dans le mois de janvier 1814, d'ordonner qu'on fermât tous les ateliers, pour forcer de malheureux pères de famille à devenir soldats. Il prit une voie détournée et fit renaître un établissement ancien, dont l'utilité ne saurait être contestée ; mais qui, dans les mains de la tyrannie, acquit cette perfection terrible qu'elle sait donner à toutes les institutions fiscales ou répressives.

La censure fut armée de ciseaux inflexibles ;

devant ce tribunal scrutateur, chaque phrase, chaque ligne, chaque mot, chaque virgule eut à défendre son innocence. Malheur aux écrivains dont la plume décelait une ame élevée; la hardiesse du style éveillait les allarmes des juges sur la réserve des pensées; on supposait une intention perfide aux transports les plus communs; tout ce que le cœur avait dicté, les examinateurs commis par la tyrannie le flétrissaient sans pitié. Cependant l'auteur, qui avait déjà pris toutes ses mesures pour mettre au jour son livre, se flattait qu'il y restait encore de quoi plaire au public; mais son illusion ne durait guère, et le moment de la publication renversait toutes ses espérances.

Veut-on se former une idée juste de la censure, de la police, de toutes les administrations de ce tems-là ? Ceux des ministres ou directeurs généraux, à qui de longs services ou toute autre considération permettaient de s'exprimer plus familièrement avec Buonaparte, avaient fait le plus magnifique éloge de leurs protégés, quand ils les avaient présentés à la bienveillance du maître comme autant de *petits empereurs*. Ainsi, cet homme qui, selon l'expression d'une dame illustre, était multiplié par chaque soldat, l'était encore par chaque administrateur, par chaque employé, par le dernier des commis et des mouchards. L'autorité des agens les plus chétifs, les plus méprisables, était donc aussi arbitraire que celle de leur maître, de ce despote le plus absolu dont l'histoire fasse mention.

Qu'est-il besoin de rappeler les horreurs de la haute police ? C'était là surtout qu'il était dange-reux de rencontrer dans chacun des plus infâmes stipendiaires, autant de petits empereurs. Cette foule d'espions répandus dans toutes les classes ne cherchaient que des coupables. Ils devaient absolument en fournir, pour mériter leur salaire. L'art de délier les langues les plus discrètes, de forcer les cœurs les plus mystérieux à se trahir, était l'unique patrimoine d'une infinité de gens qui nous éblouissaient par l'éclat et par l'arrogance de leur luxe. Tandis que ces délateurs si profondément pervers fesaient admirer, dans un cercle, la noblesse de leurs manières, l'élégance et la politesse de leurs paroles, la victime qu'ils avaient dénoncée la veille était en présence de ses juges, ou subissait déjà, dans le silence des cachots, la peine qu'elle avait méritée pour avoir cru trouver un ami dans un homme aimable. Cependant une personne connue avait disparu tout-à-coup ; peut-être avait-elle repris le chemin de sa province ; et l'on n'en parlait plus.

Il était donc bien criminel, ce gouvernement,

qui n'achetait le repos qu'en multipliant les crimes !
qui ne pouvait apaiser le cri du sang, que par
de nouveaux assassinats ! Ah! s'il est encore des
dupes éblouies par un faux air de grandeur,
séduites par des discours philantropiques, et
trompées surtout par le silence des commissions
sénatoriales de la liberté de la presse et de la
liberté individuelle, qu'elles interrogent, si elles
en ont le courage, tant de bastilles élevées au
milieu de nous ; leurs murs révéleront plus de
larmes que l'abus du pouvoir n'en fit verser depuis l'établissement de la monarchie.

En résumant les obligations que nous avons
à Buonaparte, voici ce que nous trouvons : le
triomphe et la sûreté des Jacobins; des fortunes colossales et qui long-tems encore insul-
teront à la misère publique; l'épuisement total
des finances ; l'aliénation des biens communaux,
ce patrimoine des pauvres respecté par nos Rois
dans les tems les plus difficiles ; des nuées de
commis plus dévorantes que les sauterelles
d'Egypte ; l'anéantissement final de notre marine, depuis si long-tems conduite à sa perte par
un ministre qu'on peut appeler de destruction ;
le commerce passé tout entier dans les mains
d'un seul homme; un conflit perpétuel de ruses
et de mauvaise foi entre l'avidité des particuliers,
et celle du gouvernement ; la religion trahie par

une protection hypocrite, et baffouée dans la personne de son chef; l'enfance pervertie dans les lycées, où l'on promettait de l'instruire ; l'honneur associé à l'argent qui corrompt tout ; une noblesse naissante et déjà déchue ; l'union du gigantesque et du ridicule dans la plupart des monumens ; la décadence de ces mêmes arts qui devaient servir à parer nos chaînes, et que l'abus de la faveur avait presque tués ; la poësie diffamée par ses bassesses ; la haute littérature proscrite ; cinq à six millions de nos frères dans la tombe ; la patrie considérée comme un vain nom ; l'indifférence pour les succès du vice, pour les triomphes du crime, substituée aux sentimens les plus généreux ; des places, des cordons, des récompenses pécuniaires prodiguées sans choix, ni mesure ; une ambition féroce excitée dans le cœur de la jeunesse ; des dettes énormes ; et, pour appuyer cet échafaudage d'iniquités, une police infernale.

Il n'est qu'un seul avantage que Buonaparte ne pouvait pas nous donner, ni nous ravir ; c'est la bravoure. Mais quelle arme terrible entre les mains d'un tyran, que cette bravoure de tout un peuple, quand elle existe sans l'amour de la patrie ; quand elle n'est plus réglée par la générosité du chef, et que l'ambition du dernier des soldats se trouve dans une horrible harmonie avec celle du général ! Non, les épouvantables maux qui n'ont fait de l'Europe entière qu'une seule plaie, n'étaient que le prélude des désastres sans fin et sans remède auxquels elle était condamnée.

Dans cet abîme de douleurs, où l'on n'entendait que de sourds gémissemens et des cris étouffés, sur cette mer de sang que nous paraissions destinés à sillonner sans relâche, aucun rayon d'espérance ne brillait donc plus à nos yeux! Il n'était donc plus, parmi nous, d'ames indépendantes et fières! La France, autrefois si riche en bons citoyeus, n'en comptait donc plus! Hélas! malgré tant de conquêtes, le nombre des Français diminuait chaque jour!

Tant de gens se laissaient corrompre par les succès du soldat heureux et par ses promesses! Il avait excité, dans les ames, tant de cupidité! L'espoir du butin avait été si bien fondu avec l'élan du courage! Les intrigans étaient si heureux! Les égoïstes, en si grand nombre! La France était épuisée de vertus; on y cherchait en vain cette force de l'ame qui résiste à la force du glaive, et qui seule peut briser les fers d'une nation. Paris surtout était plongé dans une incurable apathie. Le bruit des armes, les cris des provinces n'arrivaient point dans les salons dorés; et les ames viles, qui profitaient le plus de nos maux, considéraient encore des victoires sans fruit pour l'état, comme la garantie de leur propre fortune et de leur coupable existence. La guerre d'ailleurs entretenait, dans la capitale, une sorte de prospérité. Le matériel des armées, l'équipement surtout, dont la préparation était autrefois répartie entre différentes villes, se confectionnaient à Paris. Outre ces ateliers d'instrumens de carnage, Buonaparte avait commencé d'immenses bâtisses; et tandis qu'il précipitait dans le gouffre de destruction toute la jeunesse des campagnes, il excitait du mépris pour les travaux agricoles, par les avantages qu'il offrait à ses innombrables maçons. La charrue était abandonnée pour l'équerre; la cabane du laboureur tombait en ruines; mais on jetait les fondemens inutiles d'un magnifique palais. L'aveu est pénible; il faut pourtant le faire. Cette capitale, livrée à toutes les jouissances du luxe, à tous les plaisirs de la mollesse, ne haïssait pas la guerre. On s'apitoyait, il est vrai, les jours de revue, sur le sort de tous ces enfans que l'ogre insatiable s'apprêtait à dévorer; mais on lisait, avec indifférence, au coin de son feu, le récit d'une bataille livrée au loin, et l'on calculait un bénéfice prochain sur les fonds publics, sur des fournitures; on liait des intrigues dans les bureaux; on préparait un bal; on se disposait à des réunions de maçonnerie ou de gastronomie; et l'on regardait la paix de l'Europe comme une vision chimérique, à laquelle il ne fallait plus penser.

Le mécontentement parlait plus haut dans les provinces : mais l'épanchement des pensées fortes, la communication des projets, des mesures hardies, la réunion des hommes courageux y paraissaient aussi difficiles qu'à Paris ; la même police enveloppait toute la France de ses filets de fer. Une insurrection eût-elle éclaté loin de la capitale, cette insurrection partielle aurait amené peut-être de longs déchiremens, et n'aurait pas réussi. D'ailleurs, à quel corps, à quelle institution pouvaient se rallier les bons citoyens, soit à Paris, soit dans les provinces ? A l'ancienne noblesse ? Elle obstruait les antichambres de Buonaparte, celles de chaque préfet, occupait presque toutes les places municipales, et montrait un acharnement servile à persécuter les conscrits, à célébrer le grand homme. Au clergé ? Son influence eût été trop dangereuse : ce corps, au reste, avait fléchi sous la tyrannie ; et des mandemens qui étaient le comble du ridicule à force d'être vils et barbares, l'avaient en quelque sorte divinisée. L'amour de la patrie ne vivait plus que dans le cœur de quelques simples bourgeois, de quelques littérateurs honnêtes, de quelques négocians probes et d'un assez grand nombre de femmes. Je ne parle pas de l'armée ; des guerriers ne sont que trop souvent accoutumés à ne voir la patrie qu'aux lieux où se trouvent les dangers et la gloire.

Cependant le soldat heureux, que les fautes de ses ennemis avaient élevé si haut, commettait des fautes à son tour. Continuant à négliger notre marine, il cherche à s'emparer de l'Espagne, qui lui fournissait des trésors et des hommes, et dont il n'avait point à se plaindre. Le prétexte de cette guerre inique est d'empêcher l'influence et les projets ultérieurs de l'Angleterre sur la Péninsule ; et la Péninsule devient l'arène où les armes anglaises s'exercent aux triomphes. Les moyens qu'il emploie sont les ruses, les perfidies les plus noires ; et, pendant six ans, cette guerre d'Espagne, telle que le vautour de Prométhée ou telle que le remords rongeur, déchire ses entrailles, engloutit nos trésors et se repaît de nos soldats.

Ses ennemis, par de nouvelles fautes, lui préparent de nouveaux succès en Allemagne. Il obtient un prix de sa victoire qui surprend toute l'Europe ; mais la résistance des Espagnols trouble ses rêves de gloire, et cette nation qu'il avait tant méprisée, insulte à son orgueil féroce, et donne à l'Europe l'exemple du patriotisme intrépide qui doit vaincre l'ambition effrénée. Pour se venger des affronts qu'il essuye en Es-

pagne , il s'avance , avec une armée innombra-
ble, vers les régions hyperborées : jamais il n'a
déployé tant de forces; jamais l'Europe ne l'a vu
si puissant !

Il remporte de premiers avantages ; mais les
esprits attentifs remarquent dans les défaites
même de ses ennemis, une tactique nouvelle
dont il ne paraît pas se défier. Chaque bataille que
perdent les Russes, dans cette retraite mémorable devant des forces supérieures, est comme
un appas pour attirer dans le piège ce faux
Alexandre, et le livrer, avec ses gros bataillons,
à des ennemis que l'or ni l'intrigue ne pourront
désarmer.

L'aveuglement de cet homme est inconcevable.
Toutes les campagnes ont été dépouillées le long
de la route qui le conduit à Moscou, et il
s'obstine à ne suivre que cette route unique.
Il croit trouver des ressources dans la capitale,
et il n'entre dans cette capitale que six jours
après la bataille qui lui en ouvre les portes.
Pour le condamner plus sûrement à la faim et
aux rigueurs de l'hiver qui s'avance à grands pas,
les Russes brûlent eux-mêmes leur ville sainte ;
et il s'imagine follement que des hommes capa-
bles d'une telle résolution pensent encore à
traiter avec lui, avec lui qui, des paix le plus solen-
nellement jurées, se fait des instrumens presque

aussi meurtriers que ses canons et ses baïonnettes. Il se livre aux espérances d'une suspension d'armes qui, dans l'état des choses, ne pouvait être avantageuse qu'à lui seul ; oubliant qu'il n'est pas de transaction possible avec un peuple au désespoir, et ne se doutant pas que l'incendie de Moscou fût une variante de la messe des morts de Saragosse.

Plein de confiance dans son bonheur passé, il s'endort au Kremlin, comme il s'est endormi depuis à Dresde et aux Tuileries. Le réveil fut horrible. Mais jetons un voile sur cette série d'épouvantables maux qui accompagnèrent la retraite de Moscou. Les ennemis, que son ambition nous avait donnés, purent regarder comme une punition du ciel cette longue et terrible catastrophe : nous Français, qui vîmes le coupable revenir seul dans nos murs ; qui l'entendîmes insulter à notre deuil et plaisanter sur nos désastres, fûmes-nous si criminels de ne pas croire un moment à la Providence ? Deux cent mille de nos frères avaient péri dans des douleurs inouies, et l'auteur de leurs souffrances vivait encore ! et ce lâche bourreau demandait à ses valets de nouvelles victimes ! Si quelque français, en apprenant les revers de cette formidable armée, put allier, dans sa pensée, au malheur de ses concitoyens, l'espérance d'un changement dans l'état, que sa faute retombe sur toi, homme de malheur, sur toi, qui, par de nouvelles folies, devais immoler, à ton ambition cruelle, le reste de nos enfans, et sur tes pas sinistres amener l'étranger dans Paris.

Cependant, on ne fesait encore que pressentir les désastres de notre armée, lorsqu'un événement extraordinaire fut sur le point de changer la face des choses. On ne parle pas assez de la conjuration du 23 octobre; voudrait-on se dispenser de rendre justice à la mémoire d'un homme intrépide, parce que son courage est la satire d'un grand nombre de lâchetés et de bassesses? J'ignore quelles étaient les vues du général Malet; mais son entreprise était habilement conduite; le moment de l'exécution, bien choisi : peut-être ses agens principaux, qui d'ailleurs ne possédaient pas tout son secret, se montrèrent-ils peu dignes de lui, mais son audace méritait une autre fin. Ceux-mêmes dont la faiblesse et la pusillanimité s'étaient déjà trahies, ont voulu nous donner cette conjuration pour une haute extravagance; c'est ainsi qu'on traite toutes les conjurations qui ne réussissent pas. Le brave n'est qu'un fou, quand il succombe; si la fortune le favorise, les lâches en font un Empereur, et quelquefois un Dieu.

On calomnie les vues du général Malet, par

la seule raison qu'il n'a pas voulu les révéler à ses juges ; si Monck n'avait pas réussi dans son entreprise, on aurait donc calomnié de même ses intentions, parce qu'il avait fait punir un royaliste, pour s'être déclaré une heure avant le général. Malet ne pouvait pas découvrir son plan, sans compromettre, aux yeux d'un gouvernement soupçonneux et craintif, une infinité de personnes que leurs anciennes opinions auraient rendues coupables d'un projet qu'elles ignoraient. Le président de la commission militaire lui demande les noms de ses complices : » si j'avais réussi, répond le général, j'aurais pour *complices* la France, l'Europe et vous-même. » Qu'il nous suffise de cette noble réponse ; c'est une assez belle apologie. Après avoir fait égorger cinq millions de français, Buonaparte échoue enfin : Malet échoue aussi ; mais par une cause toute contraire, pour n'avoir pas ôté la vie à quelques satellites du tyran !

Au reste, si cette conjuration ne renversa pas la tyrannie, elle lui porta du moins un coup funeste : elle prouva qu'on pouvait conspirer ; ce qu'on ne croyait pas la veille. De plus, elle infligea, pour ainsi dire, à Buonaparte un supplice moral, en lui révélant les secrètes dispositions de ses principaux complices, moins attachés à sa personne qu'à son argent. Il connaissait la mesure de sang qu'il avait fallu pour bâtir l'édifice de sa fortune ; mais peut-être ne savait-il pas de même combien il avait employé de boue.

. Une réflexion s'est présentée depuis, en lisant l'acte de déchéance prononcé par le sénat : on s'est demandé si les crimes qui ont motivé cet acte n'existaient pas lors de la conspiration de Malet ; et , s'ils existaient déjà, combien de fois Buonaparte devait les réitérer pour encourir la déchéance ? Je ne crois pas que le sénat réponde jamais à cette double question. Cependant , puisqu'il a déclaré Buonaparte déchu en 1814, il aurait bien pu prononcer la même sentence le 23 octobre 1812 ; il aurait bien pu s'emparer de la brèche que Malet venait d'ouvrir. De quelle gloire il se fût alors couvert ! Quelle reconnaissance il eût inspirée à la nation ! Que de maux il pouvait encore épargner ! Nous n'eussions eu ni cette fatale campagne de Saxe, ni le pont de Leipsik , ni ces combats livrés sans interruption pendant deux mois, sur notre territoire; nous aurions arrangé nos affaires nous-mêmes ; les enfans du nord ne seraient pas entrés dans Paris. Il fallait donc deux cent mille baïonnettes étrangères pour forcer le sénat à s'oublier un instant lui-même, pour lui dire de songer enfin à la nation. Je ne conteste pas l'utilité de l'acte de déchéance; le sénat a contribué, sans doute, à guérir nos maux, mais en publiant lui-même sa propre honte; et c'est ainsi qu'en guise de remède, on écrase quelquefois un reptile sur la blessure qu'il vient de faire.

Il ne faut pas cependant que le regret d'avoir vu les étrangers dans nos murs nous porte à croire que, même dans une révolution toute française, leur intervention n'eût pas été nécessaire. La puissance d'un homme qui se trouvait à-la-fois tyran et mannequin de la tyrannie, ne pouvait pas tomber d'un seul coup. Le tyran pouvait périr, sans que la tyrannie fût renversée. Cette tyrannie, une moitié de la nation l'exerçait sur l'autre, ou du moins la tournait à son profit : et, dans ce sens, l'inaction du sénat n'est pas plus difficile à comprendre que les murmures actuels de toute autre classe de stipendiaires.

Pour sentir la nécessité d'une force étrangère, qu'on réfléchisse un moment sur la révolution du 31 mars. L'effet général fut une grande joie, parce que les bons citoyens respiraient pour la première fois depuis vingt-cinq ans, et que l'ex- plosion d'une juste alégresse, dans des cœurs depuis si long-tems comprimés, dut être prodigieusement vive, et se communiquer avec rapidité. Mais quel épouvantable amas d'ordures morales, cette même révolution du 31 mars n'a-t-elle pas soulevé! Quel bras puissant ne fallait-il pas pour nettoyer

11 *

les étables du nouvel Augias ! Qu'on juge de la corruption que vingt-cinq ans avaient engendrée, par les exhalaisons fétides que nous avons été forcés de respirer encore. Non, de quelque manière que la révolution se fût opérée, une force étrangère à la France était indispensable. La guerre devait cicatriser les plaies profondes que la guerre elle-même avait envenimées.

Seulement, on pouvait empêcher que l'étranger ne violât nos frontières. C'est à quoi tendait, sans doute, le beau mouvement du corps-législatif; mais il n'était plus tems. L'excès des malheurs qu'avaient éprouvés nos armes nous fesait un devoir de ne pas les quitter encore. Nous étions, d'ailleurs, dans la position d'un brave qui se croit obligé de risquer son sang, pour réparer l'injure qu'il a faite. Toute l'Europe, que nous avions offensée, marchait contre nous; et malgré l'extrême infériorité de nos forces, nous devions lutter contre toute l'Europe. Les revers même de notre chef lui donnaient des bras dont il n'aurait pas dû se promettre le secours; et, tandis que ses lâches flatteurs commençaient à l'abandonner, plus d'une ame fière qui avait dédaigné sa haute fortune embrassa son malheur.

Le tyran profita de cette disposition des esprits; il eût épuisé jusqu'à la dernière goutte de ce sang précieux que l'honneur national offrait à sa détresse. Ce n'est pas à Fontainebleau qu'il devait dire adieu à son aigle, c'est à Brienne ; alors on eût pu croire qu'il aimait *sa belle France;* alors il eût laissé parmi nous d'honorables regrets. En montant sur le trône par des victoires, il avait pris l'engagement de toujours vaincre ; la force devait protéger ce que la force avait envahi. Mais cette force, où la retrouver? croyait-il que son génie lui tiendrait lieu de soldats? Avait-il donc oublié que les soldats avaient suppléé souvent à son génie? Réduit à ne pouvoir plus livrer des batailles rangées, qu'est devenu tout son talent? Son nom lui remportait encore quelques avantages, que son impatience lui arrachait aussitôt. Ses partisans louaient toujours son activité; cette activité consistait à courir au hasard, à fatiguer ses meilleures troupes, sans assurer leur subsistance ; dans un pays ravagé par l'ennemi : d'ailleurs, cette activité même était suivie de longs intervalles d'abandon, où il laissait l'armée à la merci des événemens, ainsi qu'il l'avait déjà pratiqué tant de fois.

Il approchait enfin le dénouement de cette épouvantable tragédie, à laquelle tout l'univers avait pris part. Les bons citoyens n'étaient pas sans alarmes. Ils craignaient que la nation toute

entière ne portât la peine des maux dont sa bravoure avait été l'instrument. Toutefois, la présence des principaux Souverains de l'Europe au
milieu de leurs armées, nous inspirait quelque
confiance. Cette noble confiance n'a pas été trom-
pée : un torrent de guerriers généreux a traversé
Paris et nettoyé les étables d'Augias. Des vapeurs
fétides se sont exhalées, il est vrai; mais un
astre bienfaisant s'est montré sur notre horizon.
Il chassera les signes impurs d'une longue corruption. Quand le bon Henri monta sur le trône
de France, sa tâche fut bien autrement difficile.
Dans un siècle religieux, il avait à calmer des
consciences courroucées, des esprits égarés par
un faux zèle. Notre siècle philosophique présente
moins de difficultés; les terreurs de l'intérêt per-
sonnel et de l'égoïsme seront plus facilement
dissipées, que ne le furent les redoutables phalanges de la ligue et du fanatisme.

F i n.

ERRATUM.

Page 33, ligne 10, au lieu de *la*, lisez : *les.*

Page 33, ligne 10, au lieu de *la*, lisez : *les.*